住宅ローン書類の見方と可否判断

（失敗しない）

上田不二雄

近代セールス社

はじめに

　金融機関の行職員にとって住宅ローンは、「制度的な融資でパターン化されており、審査など簡単なものだ」という感覚があります。法人関係の融資を担当していた人には、特にそういう傾向があるでしょう。
　私も長年法人融資を担当していたため、住宅ローンなど簡単なものだと考えていました。しかし実際に審査を担当してみると、担保物件の資料や申込人の年収証明など様々な書類が必要で、その確認も大変です。
　物件が「担保として適格か」ということになると、法令上の制限の確認から流通性の判断までしなくてはなりません。中でも道路についての問題は、なかなか悩ましいものでした。
　建築確認が下りている物件なのに、上司から「これは担保として不適格だから、取り上げられない」と言われた時には困惑したものです。こうした物件は、今回は建築できるものの、建築確認申請に複雑な手続きが必要だし、行政の判断により、あるいは第三者の同意が得られず再建築が不可能になるおそれがある——つまり、担保処分に際して金融機関にとってもお客様にとっても困難な事態になる確率が高い物件だということでした。
　簡単に言えば、「考えているよりも安くなるか、なかなか売れない場合が多く、担保としては流通性に問題がある」ということです。43条但し書き道路や、市街化調整区域内の物件、連棟式の建物などの一部がこれにあたります。
　ローンの申込人についても、離婚したばかりの人や、ある特定の職種の人、独身の人などからの申込の場合は、けっこう厳しく対応するように指導されましたが、「収入基準は満たしているし、担保もあるんだからいいじゃないか。うるさいな…」などと考えていたものです。申込人に関する問題、注意すべきポイントについても、理解できるようになるには相当の期間が必要でした。
　住宅ローンという商品の資金使途は「住宅の取得」であり、借入期間は

長期にわたります。人間の基本的な生活基盤である「住まい」を確保するためのローンですから、ローン利用者はその返済を第一に考え、簡単には延滞しません。また、購入した住宅を担保にするため、金融機関も比較的安全な債権として捉えています。

金融機関ではここ20年、事業性融資はリスクウエイトが高いこともあって伸び悩んでいます。大企業でも、市場から直接資金を調達したり、自己資金を蓄積する慎重な経営がなされており、金融機関から調達する資金は減少傾向にあります。

結果的に、金融機関は個人向けのローンを積極的に推進。中でも、担保があり比較的リスクウエイトが低い住宅ローンは、次第に競争が激化し審査の基準も緩和されてきました。取得額の100％はもちろん、諸費用等を含めた額まで融資可能な商品も増えています。

審査基準の緩和は、借換ローンについて、担保評価を大幅に超えても取り扱えるように制度化されたことが大きな要因です。これは、バブル期に住宅金融公庫（現住宅金融支援機構）の固定金利で借り入れた人を対象として、バブル崩壊後の低金利で借換えを推進したのがきっかけでした。当初の借入を問題なく返済している「低リスクの優良顧客」をターゲットとしていたわけです。

その後、こうした顧客の買替え案件にも範囲を拡大。次第にリフォーム資金や、諸費用なども取り扱える商品へとラインアップが広がり、住宅ローンの貸出残高は大幅に増加しました。

大手金融機関では、大量に案件を処理するために、コンピュータへの情報入力により、スピーディーに審査結果を出せるシステムを構築しているところも増加しています。

しかしながら、そのシステムを有効に利用して正確な審査をするためには、基本的な知識を備え、正しい情報を入力することが必須です。もし間違った情報を入力してしまえば、本来は取り上げるべきではない案件を承諾してしまうおそれもあるのです。リスクウエイトの低い住宅ローンの営業に傾斜・注力して、一見順調に業績を上げているように見える金融機関

でも、実は大量の不良債権が発生していた——ということにもなりかねません。

　住宅ローンは個人を対象としており、その態様は1人ひとり異なります。職業、収入、年齢、家族構成、経歴など多様な判断材料があり、確認資料も多岐にわたります。

　担保となる住宅も、戸建てだったりマンションだったり、それぞれ新築・中古という違いもあり、権利関係や行政上の規制も様々です。将来事情が変わり手放す時に満足できる価格で売却できる物件か、その見極めが重要なのです。

　筆者は長年にわたり、保証会社で住宅ローンの審査に従事し、たくさんの案件を目にしてきました。本書ではその経験に基づく様々な事例を紹介しています。

　住宅ローンを受け付ける際には、どこに注目し、どんな資料を確認して審査すればリスクを最小限に抑えられるのか——、そのポイントをぜひ理解してください。

上田不二雄

Contents

はじめに …………………………………………… 1

第1章 申込受付時のチェックポイント

1. 全体を5W1Hで把握する ………………… 10
2. WHO
   〜申込人の確認書類 ……………………… 16
3. WHAT
   〜物件審査の要点 ………………………… 28
4. WHERE　WHEN　HOW　WHY
   〜納得性の検証 …………………………… 36
5. 案件の持込ルートを検証する ……………… 40
6. 借換ローンのチェックポイント …………… 46

 # 担保物件の確認と書類の見方

1	購入物件の調査をするワケ	52
2	物件に関わる法令①都市計画法	54
3	物件に関わる法令②建築基準法	62
4	物件の確認書類①チラシ広告	66
5	物件の確認書類②重要事項説明書	68
6	物件の確認書類③売買契約書	88
7	物件の確認書類④登記事項証明書	96
8	物件の確認書類⑤工事請負契約書	100
9	物件の確認書類⑥工事見積書	102
10	物件の確認書類⑦公図	104
11	物件の確認書類⑧住宅地図	108
12	物件の確認書類⑨地積測量図	110
13	物件の確認書類⑩建物図面	112
14	物件の確認書類⑪建築確認済証	114
15	現地確認のポイント	120

可否判断のための基本知識

1	収入面から返済能力を判断する	126
2	給与所得者の収入確認①源泉徴収票	128
3	給与所得者の収入確認②給与明細	130
4	給与所得者の収入確認③課税証明書	132
5	給与所得者のその他の確認事項	134
6	事業所得者の収入確認①確定申告書	136
7	事業所得者の収入確認②納税証明書	140
8	独立開業する人の住宅ローン	142
9	企業オーナーの住宅ローン	144
10	担保評価の基準①土地の評価	148
11	担保評価の基準②新築建売住宅の評価	154
12	担保評価の基準③中古住宅の評価	160
13	担保評価の基準④マンションの評価	164
14	返済期間中の偶発的事態への対応	168

Contents

巻末資料

〈参考１〉住宅ローンの申込に必要な書類 ········ 172
〈参考２〉可否判断のための基本的な確認項目 ··· 173

おわりに ·· 174

第1章

申込受付時の
チェックポイント

第1章 申込受付時のチェックポイント

1 全体を5W1Hで把握する

住宅ローンのストーリーに興味を持つ

　初めて住宅ローンの申込みを受けた人は、その案件をどう進めればいいのか不安になると思います。誰でも初めての時は不安です。

　しかし、お客様は金融機関の担当者はプロだと思っていますから、担当者たるもの、一定の知識と受付の手順を頭に入れておく必要があります。商品の仕組みや必要書類、確認事項などについてマニュアルを理解しておかなければなりません。

　住宅ローンという案件は、「ある家族、または人物の生活にかかわる重要かつ大きな金額を投入するプロジェクト」です。この案件を正しい結論へ導くためには、皆さんがよく知っている"5W1H"の方法でストーリーを理解することが必要です。

　「システム審査や、担保・収入の基準をクリアーすればいいのであって、余計なことを考える必要はない」と思っている人もいるようですが、住宅ローンは実行後、ローン利用者が毎月確実に返済して初めて収益が得られるものです。つまり、ローン利用者であるお客様は金融機関の大事な経営パートナーといえます。多くのお客様から預かった大切な預金を投資する相手ですから、当然その経営パートナーがどういう人物なのか、どういった経緯でローンの申込みに至ったのか、その"ストーリー"をしっかりと把握しなければなりません。

　そのために、「どういう人が（WHO）、どんな住宅を（WHAT）、どこに（WHERE）、なぜ（WHY）、いつ（WHEN）、いかにして（HOW）購入するのか」という検証を行うのです（図表1）。この6項目を

図表1　5W1Hの確認事項

①WHO	申込人は何者か（法律上の行為能力があり、反社会的勢力でないことは大前提）、どういう職業か、どのくらいの年収か、どんな家族構成か、どこに住んでいて仕事場はどこにあるのか、現在の居住形態は何か（賃貸・持ち家・家族の持ち家）、など
②WHAT	購入する住宅はどんなものか（金融機関の担保として適格か）、戸建てかマンションか、どのくらいの広さか、どんな間取りか、など
③WHERE	取得する住宅がどこにあるのか（金融機関の管理可能区域内にあるか）、現在の住まいや仕事場とはどのくらいの距離か、生活の利便性はあるか、など
④WHY	購入を決定するに至った直接的な動機・きっかけは何か（家族が増えた、結婚する、借家ではなく自己所有で生活を安定させたい、家賃並みに返済し所有資産が得たい）など
⑤WHEN	いつ買うのか、タイミングとしては適切か、若すぎないか、高齢すぎないか、など
⑥HOW	資金計画（借入額・返済期間等）は妥当か、自己資金は用意してあるか、他に負債や保証債務はないか、返済方法に無理はないか、など

1つひとつ検証していって、特に疑問に思うことがなければ、その案件はまず適正なものと言えると思います。

そして住宅ローンの申込書は、ここまでに述べたことのほとんどを記入するような書式となっています（**サンプル1**）。

WHY（動機）の確認はヒアリングが重要

ところが、この申込書には「WHY（動機、きっかけ）」を詳しく書く箇所がありません。案件を判断する重要な要素である動機については、申込書の内容を踏まえて審査する担当者自身がお客様から聴き取り、納得できることが大切なのです。具体的な案件で考えてみましょう。

『申込人は27歳の独身女性、社会人5年目の会社員です。勤務先は中堅

サンプル１　住宅ローン申込書

第1章 申込受付時のチェックポイント

- HOW
- WHO
- WHAT
- WHY
- WHERE
- WHEN

13

企業で、年収は約350万円。現在の住まいは両親の持ち家で、家賃負担もなく暮らしています。社会人５年目ですから蓄えもさほどありませんが、一人暮らしをするためにマンションを購入したいとの申し出でした。やや郊外で、現在の住まいと同じ市内にある1,500万円の中古マンションを購入予定とのこと。間取りは３ＬＤＫ。自己資金はなく、購入額100％の借入希望です。勤務先は都心で、通勤には１時間以上かかります』

　この案件で、返済負担率や担保に問題がなかったとしたら、単純に承諾してもよいでしょうか。「いや…ちょっと待てよ。こんな簡単な理由で不動産を買うのかな…」という疑問は浮かびませんか？

　考えてみれば、まだ社会人５年目の若い独身女性ですから、これから将来への展望が開ける時期です。色々な経験を積み、社会人として成長していくこの時期に、特に大きな理由もなく住まいを買うでしょうか。しかも購入物件は中古マンションで、勤務先への交通の便も改善されません。今後はローンの返済で預金も増えず、レジャーを満喫するのも制限されるはずです。本当に納得できる動機と言えるでしょうか？

　日々のノルマに追われる住宅ローン推進の現場では、ともすれば"行け行けどんどん"の世界になっており、案件を深く掘り下げようという気が起きづらい状態になっています。そのため、このような案件もあまり検討しないで取り上げる場合が多々あるようです。

　一概には言えませんが、こういう案件は家族に問題があるとか、交際している男性に問題があるといったケースが少なくありません。例えば両親が多重債務者で自宅を差し押さえられているとか、結婚相手の信用情報に問題があり住宅ローンを借りられないとか、表面だけで審査すると、実行後しばらくして延滞が始まるようなことになりがちです。

　お客様にとっても、金融機関にとっても"良い案件"というのは、「購入した住宅でお客様が充実した生活を送ることができて、滞ることなく返済も続き、長期的に安定した収益を金融機関にもたらしてくれるような案件」といえます。

　通常、住宅の購入は一生に一度しかない大きな買い物です。購入に至るまでには様々な経緯があり、お客様も自身の経歴を踏まえて、将来を展望

第1章　申込受付時のチェックポイント

したうえで購入を決意したはずです。住宅ローンを借りる動機が正しいものであれば、まずそのローンが破たんする可能性は低いでしょう。

　審査で重要なのは、住宅ローンを借りる時の動機を確認することだと思います。

正しく審査を行うことは、お客様のためでもある

　もちろん、動機に納得できたとしても購入する物件自体に問題があってはいけません。金融機関にとっては、予期せぬ事態が生じて担保を処分しなければならない時に、売却が困難な物件では債権を回収できないリスクがあります。一方、売却の難しい物件ということは換金性の低い資産を保有することになり、お客様にとっても不幸なことです。

　したがって、担保となる住宅は流通性に重点を置いて評価することが重要です。お断りすることになっても、場合によってはお客様のためになるケースもあります。住宅ローンの審査を正しく行うことは、金融機関のリスクを抑えるだけではないのです。

　お客様は、金融機関から融資を受けて取得した住宅を本拠として、その後の人生を送ることになります。その本拠がお客様自身の仕事にとって効用があり、快適な生活を過ごせることが重要です。それが、金融機関にとっても利益になるのです。

　お客様に興味を持ち、その人物像を理解して、心をこめてそのプロジェクトを共に考えていくことが、住宅ローンの審査を正しい結論に導くものと考えます。

2 WHO 〜申込人の確認書類

本人自筆で記入する申込書のミスには要注意

　申込書は、本人自筆で記入してもらうことが原則です。まず、名前、住所、生年月日そしてフリガナを書いてもらいますが、生年月日とフリガナは個人信用情報との関連で重要です。少しでも相違すると正しい情報が得られません。生年月日が相違していたために、本来は基準上融資できないような人に承諾をしてしまったケースも実際あります。正式承認の最終チェック段階で発見されましたが、こうしたケースではお断りの説明をするのも大変です。

　現住所、電話番号、居住年数、勤務先の名称および住所・電話番号、勤続年数、職位、年収等、転職歴のある人は前勤務先、さらに現住居の種類（持ち家、家族持ち家、借家等）なども記入してもらいます。

　家族構成（同居の有無）も書いてもらいます。これらは本人でないと知り得ない情報ですから、後述する確認書類を提出してもらい相違ないことを綿密にチェックしましょう。

　申込書は、本人が自分のことについて書くわけですから余程のことがない限り間違えることはありません。しかし、こんな事例もありました。
『母親と娘が同居予定の家を購入する案件で、収入上の理由から娘が申込人でした。本人は、現住居の種類を「借家」と言っていましたが、申込書では「家族持ち家」の欄に一度つけたマル印が訂正してあります。家を買うに至った経緯は「両親が離婚したので…」ということでした』

　このケースでは、両親の離婚という動機に疑問があったため現住居の登記簿（登記事項証明書）を確認してみました。すると、現在の住居は父親

第1章　申込受付時のチェックポイント

の所有（持ち家）であり、かつ競売の申立がしてあったのです。事情を隠して申し込むような案件は受けるべきではありません。他にも隠れた債務があるかもしれませんから、この案件は取り下げてもらいました。申込書に記入する時、意外と真っ赤なウソは書けないものです。

申込人に関する書類の確認ポイントを押さえる

お客様に提出してもらう書類については、各金融機関で明確に定められていることと思います。ここからは、主な書類のどこにポイントを置いて確認していくかを説明します。

（1）本人、住所・家族構成等の確認
・運転免許証、パスポート、健康保険証等
　目の前にいる人物が申込人本人であるかは、運転免許証やパスポート等で確認します。住民票などを揃えていない事前相談の段階でも、本人確認書類の記載事項からある程度の転居歴等も確認できます。
　紙の健康保険証の場合は、本人および扶養家族の欄で家族構成も分かります。配偶者が扶養家族の欄に記入されていなければ、配偶者には保険料を支払うだけの収入があることを意味します。ただし個別カード式の場合は、本人のものだけでは家族構成が分かりません。
・住民票
　住民票は、世帯全員のものを提出してもらうよう定められていると思いますが、本人だけのものをもらってしまうことも多いようです。世帯全員でないと、家族構成や世帯主等が分かりませんし、独身なのか家族持ちなのかも確認できません。世帯全員の住民票を提出してもらい、申込書の記載内容と照合します。
　世帯主との関係、前住所、転入・転出の日付などを確認することによって、家族が成立したストーリーも読み取ることができます。結婚して夫婦が一緒に入居したのか、夫あるいは妻が住んでいたところで同居を開始したのか、子供は今の住居で生まれたのか、前の住居で生まれたのか、ある

サンプル2　住民票

住 民 票

氏名	近代　太郎					
昭和57年12月5日生	性別	男	続柄	世帯主	区民となった年月日 平成17年4月1日	住民票コード 省　略
住　所	東京都新宿区西新宿○-△-×					
世帯主	近代　太郎					
本　籍	省　略				筆頭者	省　略
＊＊＊	＊＊＊＊＊＊＊＊＊＊＊＊＊＊＊＊＊				＊＊＊＊＊＊＊＊＊＊＊＊＊	
平成22年4月1日　静岡県庵原郡富士川町○-△-× から転入						平成22年4月21日 転入届出

> 現住所の居住年数を確認（夫婦が前住所から同居していたことも分かる）

氏　名	近代　花子					
昭和60年3月10日生	性別	女	続柄	妻	区民となった年月日 平成17年4月1日	住民票コード 省　略
住　所	東京都新宿区西新宿○-△-×					
世帯主	近代　太郎					
本　籍	省　略				筆頭者	省　略
＊＊＊	＊＊＊＊＊＊＊＊＊＊＊＊＊＊＊＊＊				＊＊＊＊＊＊＊＊＊＊＊＊＊	
平成22年4月1日　静岡県庵原郡富士川町○-△-× から転入						平成22年4月21日 転入届出

氏　名	近代　蓮					
平成27年6月27日生	性別	男	続柄	子	区民となった年月日 平成22年6月27日	住民票コード 省　略
住　所	東京都新宿区西新宿○-△-×					
世帯主	近代　太郎					
本　籍	省　略				筆頭者	省　略
＊＊＊	＊＊＊＊＊＊＊＊＊＊＊＊＊＊＊＊＊				＊＊＊＊＊＊＊＊＊＊＊＊＊	
						平成27年7月1日 出生届出

この写しは、世帯全員の住民票の原本と相違ないことを証明する。

> 世帯全員のものかチェックする

令和○年○月○日

新　宿　区　長　　○　山　　×　子

いはどちらかの連れ子なのか、よく観察するとそういったことが見えてきます。

最近は離婚が増えているので、その点も注意して見る必要があります。離婚している場合（特に離婚時期がローンの申込に近い場合）は、前配偶者との間で財産関係（債権債務）の問題が生じていることもあり、借入に影響がないか十分留意しなければなりません。

（2）勤務先の確認
・社員証

勤務先企業の発行している社員証は、勤務先の証明資料になります。名刺は、勤務先名、所属部門、地位等を表示するものですが、証明するものではありません。

最近は偽造された証明書も多く出回っていますので、本人が確かにその企業に勤務しているか、その企業が本当に実在するのか、後述の電話・現地確認等で慎重にチェックします。

・健康保険証

被保険者（本人）、勤務する事業所名（および所在地）、保険者である団体名および所在地、資格取得年月日が記入してある健康保険証は、勤務先の証明資料になります。

資格取得年月日により、その事業所に勤務し始めた日も分かり、勤続年数が計算できます。ただし、同じ会社でも事業所の変更で資格取得日が変わることがあるので、そうした場合は別途確認が必要です。

・電話確認

申込書には勤務先の所在地・電話番号を記入してもらいますが、改めてＮＴＴの104等で調べてみます。架空の勤務先を記入していることもあり得るため、本人の書いた電話番号での確認では不十分です。

・現地確認

場合によっては、実際に勤務先へ足を運んで確認することも必要です。これも、事前に連絡せず不意打ちで行かなければなりません。事前に知らせておくと、訪問に合わせていかにもそこに会社があるように芝居をする

ような詐欺集団もいるからです。「オレオレ詐欺」などのグループは住宅ローンの舞台にも進出してきています。

(3) 雇用形態の確認

　近時、企業のコスト削減、景気の変化に対応するための人事方針などによって「非正規雇用者」の比率が高まっています。つまり、給与所得者といっても不安定な雇用契約下にある人々が増加している事実があります。「大企業に勤務している」「役所に勤務している」からといって、すべての人が安定した雇用形態で働いているわけではありません。

　多様な勤務形態にどう対処していけばいいのか、受付の現場では相当に注意を払う必要があります。本人が正直に申告するのを期待するばかりではいけませんし、非正規雇用者だからといってすべてお断りするわけでもありません。

　資格や技術を保有して多くの企業に求められる能力のある人もいます。客観的な確認資料が必要ではありますが、本人に「返済できる能力」「堅実な生活態度」「景気の変動に対応できる余裕資産」があれば、勤務形態がどうあれ金融機関としては融資可能ではないでしょうか。

　とはいえ、安定した雇用形態にあるのが一番望ましいわけですから、給与所得者の中でも、臨時職員や契約社員、日雇いといった雇用形態は区別しなければなりません。これは、以下のような資料で確認します。

・健康保険証
　健康保険には、次のような種類があります（図表2）。
㋐国民健康保険……自営業者等が加入する健康保険
㋑組合健保…………大企業や同種同業の企業グループで構成される健康保険組合が運営する健康保険
㋒協会けんぽ………健康保険組合を組成できない中小企業の従業員等が加入する健康保険。従来の政府管掌健康保険
㋓共済保険…………国家公務員・地方公務員・私立学校教職員が加入する共済組合の健康保険
㋔船員保険…………船舶所有者に使用される船員の健康保険

第1章 申込受付時のチェックポイント

図表2　各種健康保険

種類	被保険者		保険者
国民健康保険	自営業者、農業従事者、退職者、専業主婦、学生、未成年者など、被用者保険に加入していない者		市（区）町村 国民健康保険組合
組合健保 （組合管掌健康保険）	健康保険の適用事業所で働く給与所得者	健康保険組合の組合員	健康保険組合
協会けんぽ （全国健康保険協会管掌健康保険）		組合員以外	全国健康保険協会
共済保険	国家公務員、地方公務員、私学の教職員		各種共済組合
船員保険	船員として船舶所有者に使用される者		全国健康保険協会

　正社員は、基本的に⑦〜㋔の被用者保険に加入しています（組合国保《医師や弁護士などの同業者がつくる組合の国保や建設国保など》も含む）。ただし、協会けんぽ加入者の中には非正規雇用の人もいます。役所などの臨時職員は協会けんぽの保険証を持っています。

　また、一般企業に勤務しているのに国民健康保険の人は、正社員ではない場合が大半です（組合国保は除く）。稀に、健康保険の適用対象事業者でありながら、保険料の負担に耐えられず健康保険に加入していない中小零細企業もあります。こうした企業に勤務している人は、正社員であっても国民健康保険になります。

・源泉徴収票、給与明細

　一般的な企業では、給与から「所得税、住民税、各種社会保険料」を天引き徴収しています。したがって、源泉徴収票や給与明細には徴収された保険料等が記載されています。

　ところが、社会保険料が全く徴収されていない、もしくは少ない金額し

サンプル3　各種健康保険証

国民健康保険

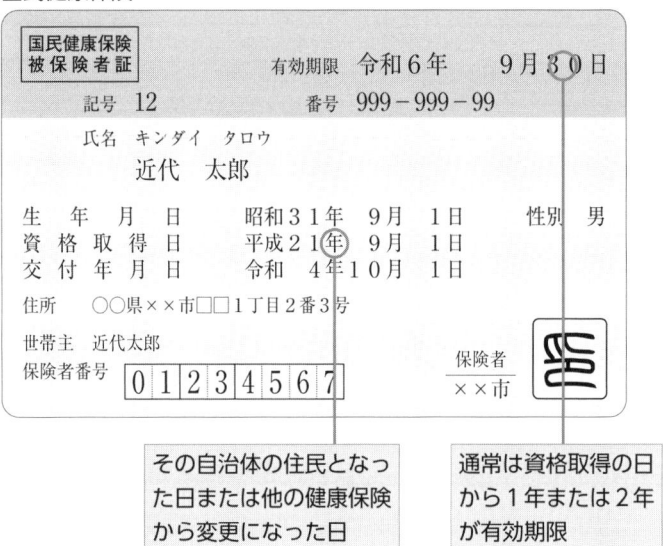

組合健保

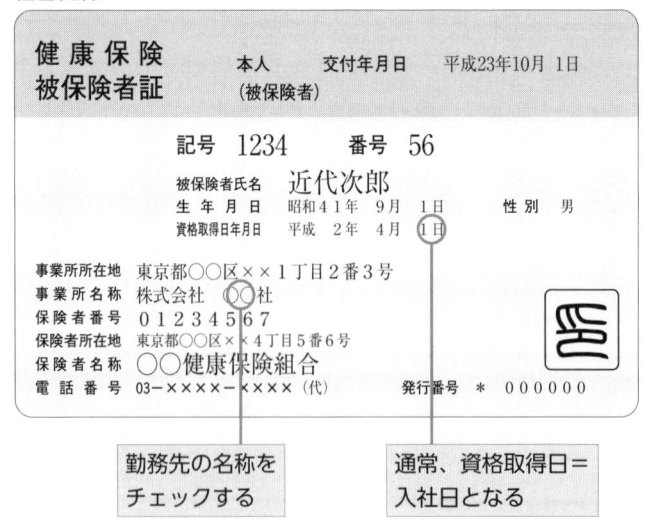

第1章 申込受付時のチェックポイント

協会けんぽ

```
健康保険        本人（被保険者）              00123
被保険者証                       平成23年10月 1日交付
                   記号 11010203   番号 123456

氏名        キンダイ ハナコ
           近代 花子
生年月日     昭和51年 9月 1日         性別 女
資格取得年月日 平成20年10月10日
事業所所在地  港区○○○1-2-3
事業所名称   ○○ 株式会社

保険者番号   0 1 0 1 0 0 1 1
保険者名称   全国健康保険協会 ○○支部
保険者所在地  ○○市○○区○○町○-○-○
```

勤務先の名称をチェックする

共済保険

```
○○県市町村職員共済組合  本 人        平成23年10月 1日交付
組  合  員  証  (被保険者)

記号 123              番号           45

氏    名    キンダイ ヨシコ
            近代 良子                  性別 女

生 年 月 日   昭和61年 9月 1日
資格取得年月日 平成22年 4月 1日

発行機関所在地  ○○県××市□□1丁目2番3号

保 険 者 番 号  0 1 2 3 4 5 6 7
名      称    ○○県市町村職員共済組合
```

か徴収されていないことがあります。こうした場合は、正社員でない可能性が高いと考えられます。具体的な事例を紹介しましょう。

『申込人は、貨物運送業社の運転手。会社の勤務証明書（正社員と書いてある）、源泉徴収票、所得証明書、健康保険証などは揃っており、勤続年数は10年、担保も問題なさそうです。しかし源泉徴収票を確認すると、社会保険料の欄が空欄になっています。おかしいと思って健康保険証を改めると「健康保険被保険者資格証明書」と書いてあり、普通の保険証と違います。よく読むと、保険料を支払うたびに証紙を張ってもらうようなもので、日雇い労働者の健康保険でした』

いくらなんでも日雇い労働者を安定した給与所得者として、住宅ローンを実行するわけにはいきません。正社員の証明書も、勤務先の社長に頼んで書いてもらったものでしょう。受付の現場では、揃えてもらった資料を形式的に眺めているだけではいけません。

一方、本人は「自分が正社員でないことを知らずに勤務している」というケースもあります。下記のような新聞記事がありました。

『トラックの運転手が交通事故を起こして入院。会社に労災の申請をしたのですが、手続きをしてくれません。実は、本人には「給与」としてお金を支払っていたものの、実際は社内外注のような形式で「報酬」を支払い、社員として雇っていなかったのです』

本人は正社員だと思っていたので労災を申請したのですが、労働保険料も払っていなかったわけです。

源泉徴収票の社会保険料欄が空欄の場合は、こうしたケースも考えられます。万一ローンを実行してしまったら、本人が事故などで勤務不能になった場合に延滞となる可能性は高いでしょう。本人も、正社員でないと気づいたら借りないかもしれませんが、金融機関がきちんと確認し、本人にも把握させることがお互いのためでもあります。

雇用形態が正社員でなければローンを組めない、というわけではありません。前にも述べましたが、本人の能力、過去の蓄積、生活態度などを見て判断すべきです。ローンを申し込むからには、ある程度「返せる」という自信があるはずです。誤解に基づく自信では困りますが、受け取った情

第1章　申込受付時のチェックポイント

報や資料を確認し、総合的に判断することになります。

給与以外の所得がないかを慎重に確認する

(4) 収入の確認

収入、すなわち返済能力については、「第3章　可否判断のための基本知識」で詳細に述べますので、ここでは主な確認事項を説明します。

①給与所得者

・源泉徴収票

給与等を支給する勤務先から本人に交付されているものを提出してもらいます。源泉徴収票に前職の記載がある場合は、転職していることを示しているため前勤務先の収入証明資料も確認します。

・住民税課税決定通知書、住民税課税証明書等

源泉徴収票だけで収入の確認を済ませるのは早計です。源泉徴収票や給与明細だけでは信頼性が十分でないため、住民税課税決定通知書等の公的所得証明書で確認します。住民税課税決定通知書等では、給与以外の所得や、複数の事業所から給与を受けていないかなど、所得の金額とその内容をチェックしましょう。

・確定申告書、納税証明書

給与所得以外の所得がある人、複数箇所から給与をもらっている人などは、確定申告書も必要です。事業所得や不動産所得がある場合には、納税証明書も提出してもらいます。このことは事前にお客様に伝えておかないと、後々トラブルになりがちです。

給与以外の収入がある場合、所得がマイナスのこともあります。また、給与以外の所得にかかわる借入がある場合もあり、その借入も返済負担として計算が必要です。返済能力について、単純に給与収入と所得だけでは判断できません。申告書をよくチェックして結論を出す必要があります。

②会社役員

・決算書（3期分）

会社役員については、源泉徴収票や公的所得証明書に加えて、少なくと

も３期分の決算書（申告書・法人税・事業税の納税証明書添付）が必要です。その企業の経営状態、財務状況、収益状況が安定している（黒字決算である）ことを確認しましょう。経営状態・業績によっては、不安定な収入になるおそれがあります。また、給与所得以外の所得がある場合などは確定申告書も必要です。

　オーナー経営者の場合は、会社の借入の保証人になっていることが一般的ですから、その点もチェックします。

③個人事業主
・確定申告書、納税証明書
　自営業者の場合は、過去３期分程度の確定申告書、納税証明書を提出してもらい、収入および事業所得の安定性を検証します。

　返済負担を検証する際は、事業所得を給与所得者の給与総額と同じように考えます。分母を事業所得、分子を返済額として、年収に対する返済割合を計算するわけです。なお、「事業所得」とは事業収入の金額ではありません。経費を差し引いた後の所得が基本となります。

（５）個人信用情報の確認

　申込人については、以上の確認資料等を見て判断していくわけですが、外部情報である個人信用情報もチェックする必要があります。

　信用情報機関は、ローンやクレジットカード等に関する個人信用情報を登録し、与信取引上の参考資料として提供しています。金融機関によって加盟している信用情報機関は、銀行系、信販系、金融専業系といった相違がありますが、保証会社などはそのすべてに加入している場合もあります。

　ただし、登録項目は信用情報機関および加盟機関の任意となっている場合があるため、信用情報機関を利用しても、すべての情報が把握できるわけではありません。一般融資などは載せていない場合もあり、本人が申告しない限りは分かりません。

　例えば銀行系の場合、住宅ローンやカードローン、自動車ローン等が掲載されています。これらの残高や件数を漫然と計算するだけでなく、勤務先の変遷、住所の変遷などにも注目して申込書との整合性を確認すること

図表3　収入の確認に必要な書類

職業・所得状況			確認書類
給与所得者	給与所得のみ		・源泉徴収票 ・住民税課税決定通知書または証明書
	確定申告あり		・住民税課税決定通知書または証明書 ・確定申告書
		事業・不動産所得あり	・確定申告書 ・納税証明書
個人事業主			
会社役員	給与所得のみ		・源泉徴収票 ・住民税課税決定通知書または証明書 ・決算書
	確定申告あり		・住民税課税決定通知書または証明書 ・確定申告書 ・決算書
		事業・不動産所得あり	・確定申告書 ・納税証明書 ・決算書 ・保有不動産の謄本、直近の家賃表、返済予定表

（注）一般的な考え方を示したものです。実務上は、各金融機関の規定に従ってください。

が重要です。

　同姓同名の全く別人の情報もありますから、本人であることを慎重に確認していきます。結婚や養子縁組によって姓が変わっていることもあるため、そのチェックも怠ってはいけません。

3 WHAT 〜物件審査の要点

購入物件＝担保の確認は流通性がポイントに

　購入する物件（WHAT）に関しては「金融機関の担保として適格か」とういうことが重要です。担保として適格な物件とは、「法的制約をクリアーしており、しかも流通性があって処分がしやすい物件」を指します。違反建築でないことはもちろん、再建築が可能で、売却価格がさほど債権額（ローンの残債）を下回ることのない物件が望ましいということです。

　物件の審査ポイントについては、「第2章　担保物件の確認と書類の見方」で詳説しますので、ここでは大まかなポイントを説明します。

（1）建売

　大手業者による大規模分譲は、開発許可を受けた宅地で、検査が済まないと買主に引き渡しませんから、物件についての問題はほとんどありません。何か問題が生じたとしても補償面の心配もないでしょう。

　注意が必要なのは、開発許可を不要とするような小規模な分譲です。こうした建売住宅は、幅員4メートル程度の細い道路に面した物件が多く、位置指定道路や敷地延長による建築確認の方法を使って狭い土地を活用しています。このような物件は、一部敷地を隣家と共有して建築確認をとっているものもあり、建築主単独で再建築することが困難な場合があります。思うような価格で売却できないおそれがあるため、慎重な確認を要します。

（2）新築戸建て

　戸建て住宅を新築する場合は、都市計画法や建築基準法等の制約に問題

第1章 申込受付時のチェックポイント

はないか、建築計画をしっかり確認します。

　建替えの場合など、もともと所有する土地上に新築する場合、以前の重要事項説明書等が見つからないこともあります。この場合、受付段階では法令の制限等を確認しようがないため、役所での調査が必要となります。お客様の「前も建築できたのだから問題ない」といった話を鵜呑みにし、よく検討もせずに承諾すると、実は建築に条件があるなど担保としては弱いことが後々判明することもあります。

　新築戸建てでは、違反建築にも注意が必要です。建築主の中には、意図的に違反建築をするような人がいるからです。例えば、適法に建築確認がなされていたため承諾したものの、完成後、抵当権を設定する段階では容積率が大幅に超過していたケースもあります。

　こうした事態を防止するためには、実行前に検査済証の提出を義務付けることが効果的です。検査済証とは、着工前の段階で受ける建築確認とは異なり、完成した建物が適法なものであることを証明するものです。

　違反建築には融資できないことをあらかじめ徹底し、完成後検査済証の提出を実行条件にするなど万全を期すべきでしょう。

敷地が借地の場合は権利関係をチェックする

　借地上に新築する場合は、権利関係に留意します。借地権付建物を担保にする場合、借地権者と建物の名義人が同じであれば、建物に抵当権を設定することで借地権にもその効力が及びます。しかし、借地権者と建物の名義人が異なると、建物に抵当権を設定しても借地権には効力が及ばず、担保は建物の価値だけになってしまうのです。また、建物の完成後でないと、担保の目的物がないためローンの実行はできません。

　登記事項証明書で地主を確認すること、借地面積、借地期間、地代、借主などを契約書で確認することが必要です。

　また、土地に抵当権の設定がないことを確認します。建物が建つ以前からある抵当権には、法定地上権を主張できません。法定地上権は、競売後に建物を存続させるための権利なので、これが主張できないとなると、抵

当権が実行された場合、建物の所有者は、建物を撤去しなければいけなくなります（もともと建物があった敷地について、後から土地だけに抵当権が設定された場合は、法定地上権を主張できる）。

敷地が２筆以上の場合は、建物がすべての筆にわたって存在しているかにも注意する必要があります。建物が建っていない部分の敷地が第三者に譲渡された場合、その敷地については借地権の存在を否定されるおそれがあるからです。

借地権付建物では、金融機関の抵当権設定に際して地主の承諾書をもらうのが一般的です。これがないと、金融機関の抵当権実行について、訴訟上円滑にいかないことも予想されるため、省略することはほとんどありません。

（3）分割融資

住宅ローンは建物完成時の一括融資が原則ですが、分割する場合もあります。例えば、土地代金と建築資金を土地購入時と建物完成時に分けて実行する場合などです。こうしたケースでは、以下の点に注意が必要です。

・建築計画の具体性

土地のみ購入して住宅を建てない場合は、単に投資目的の可能性があるため住宅ローンとして扱うことはできません。建築確認済証、工事請負契約書、見積書等で「工事着工の確実性」を確認する必要があります。

申込時点では、少なくとも建物の図面、見積書は必要です。そして、土地取得代金のローンを実行するまでには、建築確認済証、工事請負契約書を用意してもらいましょう。これにより計画の具体性が確認できます。

・建物の完成リスク

建物の完成前に先行融資をする場合、完成リスクにも注意が必要です。工事途中で建築業者が倒産し、完成の見通しが立たなくなるケースもあるからです。こうした場合、費用が余分にかかり借入をさらに増やさなければならないこともあるため、担保が足りるのか、返済できるのか等を再検討することになります。

・中間金の有無

第1章 申込受付時のチェックポイント

　土地取得資金の先行融資だけでなく、建設途中で業者に中間金を支払うために分割実行するケースもあります。
　いずれにせよ、建物の完成前にローンを実行する場合は、建築業者の信用状況、本人の支払能力などを総合的に判断することになります。業者を綿密に調査すること、大手業者あるいは地元で実績があり信用度の高い業者等に限定すること、本人に完成リスクについて十分知ってもらうこと、見積書、建築確認済証などを十分に検討することなどが肝心です。

（4）中古戸建て

　中古戸建ての場合は、ほとんどが業者仲介による取引であり、物件の内容はチラシ、重要事項説明書、売買契約書等により把握できます。
　取引業者は宅地建物取引業法によって顧客に説明すべきことが定められており、これに違反すると行政処罰などを課せられます。そのため重要事項説明書を見れば、物件に関する問題点は概ねつかめるはずです。
　土地は路線価、公示価格による比準価格で評価しますが、建物については経年減価をして評価します。当然、当初の売価は適用できず、流通価格でも評価しないのが通例です。したがって中古物件の評価は、机上での鑑定評価的金額になります。
　なお、借換ローンも中古物件を対象としますが、借換ローンについては担保評価額の200〜300％まで資金を融資できることもあります。

リフォームをしても建物の評価は上がらない

（5）リフォーム（増改築資金）

　テレビ番組でも人気のリフォームですが、増改築資金の借入についてはあまり知られていません。制度的には無担保ローン（リフォームローン）もありますが、金利が高い、借入可能額が少ない、借入期間が短いといった難点があります。増改築資金でも住宅ローン（有担保）は利用可能ですから、大規模なリフォームなどで自己資金が不足する人は、こちらを利用します。

31

　増改築資金として住宅ローンを利用する場合のポイントは、以下のとおりです。
・リフォーム資金は担保評価に加算されない
　先に述べたとおり、中古建物は当初建築時からの経過年数によって評価されます。リフォームを行っても、その分建物の評価が上がるわけではありません。したがって、敷地の評価に余裕があることが必要です。
　金融機関によっては、借換ローンにリフォーム資金を組み合わせる方法で、担保評価を上回る金額を融資するところもあります。リフォーム部分は限度を定めているようですが、返済実績を評価して支援するということです。
・資金使途を具体的にチェックする
　自宅の増改築・修繕費として使用されることが条件ですが、使途確認がずさんな現場も多いようです。これにつけ込み、別の資金に使う目的での申込もあるため注意します。

中には、高額なリフォームを売り込むために顧客を金融機関へ誘導するような悪質業者もいます。金融機関も業者の紹介ルートに頼っている状況がありますが、怪しい業者にだまされたお客様に融資するようなことがあると、後々問題になりかねません。

こうしたことを防止するには、業者の調査を十分にすること、見積書をよく検討すること、リフォーム対象物件をよく確認すること、完成後に現地を調査し、見積りどおりに工事が終了しているか見極めることなどが重要となるでしょう。金融機関のリスクを抑えるだけでなく、お客様のためにも慎重に取り扱うことが必要なのです。

(6) 分譲マンション

最後に、マンション取得資金についての注意点を説明します。

①新築マンション

・分譲業者のレベル

新築マンションは、完成前から分譲を開始します。マンションは、土地の購入から建物の建築まで相当の期間とコストがかかるものですから、分譲業者には相応の体力（資金力・信用力）が必要です。金融機関からの資金支援の裏付けがあることなど、分譲業者のレベルを把握しましょう。

完成リスクや問題発生時の補償力などを考えると、実績のある大手分譲業者が望ましく、概ね以下のような順序になります。

1．三井不動産や三菱地所など一部上場クラスの大手不動産開発業者および都市機構のような公的機関
2．その他一部上場企業（商社、建設業者など）
3．上場クラスや中堅クラスでマンションを専業とする企業あるいは分譲実績のある企業
4．その他の企業

・総戸数

マンションは共同住宅（区分所有建物）ですから、敷地は共有です。建物も玄関・廊下等共用に付される部分があり、これら共用部分の管理は共同責任となります。入居者それぞれが平等に管理するのが理想的ですが、

様々な人が入居するため、共用部分の管理については外部へ委託するのが普通です。そして、その費用は管理費として、専有部分の広さに応じて入居者全員が負担します。

管理委託を受ける会社は、請負業務に見合う収入を要求しますから、戸数の少ないマンションだと一戸当たりの負担が増します。つまり、マンションには規模の利益があることになります。戸数の多いマンションであれば、一戸当たりの負担は比較的少なくなりますし、戸数が多いほど管理費収入も増加して充実した管理が期待できます。

また、外壁などの共用部分は時間の経過によって劣化しますから、定期的に修繕して質を維持する必要があります。この費用は、修繕維持積立金として居住者が積み立てなければならず、ここにも規模の利益が効いてきます。

あまりに戸数の少ないマンションは、将来の維持管理が難しくなります。少なくとも50戸以上が望ましく、欲を言えば100戸ぐらいが理想的かもしれません。ただし、億ションのようなレベルでは入居者にも相当の収入がありますから、高額な管理費でも問題はないでしょう。

マンションの価値は「管理が決め手」

・管理組合、管理規約

マンションの入居者は、管理規約を守ることが義務付けられます。新築マンションでは、管理組合の結成が予定されていること、きちんとした管理規約が定められることを確認しましょう。

管理規約をよく見ると、分譲業者側に都合のいい、入居者が不利になるような共用部分の使用方法が盛り込まれていることもあります。駐車場の収入が分譲業者の収益になり管理費に反映されないとか、共用部分を一部の所有者が独占的に使用するといったものです。将来の修繕維持の際などに負担が増加する要因になるものもありますから、気をつけなくてはなりません。

・分譲開始後の経過期間

販売が始まってから相当の期間が経過していないか、売れ残りの多いマンションではないかも注意します。

売れ残りの場合、価格に信頼性がありません。マンションは、販売開始から期間が経過すると値下げをするのが普通だからです。

売れ行きが悪く値下げをするような場合、業者が変わることもよくあります。早く売りたいがために無理なセールスを行い、好ましからぬ人物(反社会的勢力など)を購入者にしたてて、金融機関に持ち込むこともあります。申込人の信用調査を慎重に実施したり、現地に赴いて入居状況などを確認することが大切です。

②中古マンション

・築年数

通常、マンションの寿命は60年程度といわれていますから、ローン実行から最終返済日までの期間がそれを超えることがないようにします。築年数が古くなると建替え時期が迫ってくるため、返済途上で担保の差し替えや売却処理などが起きることも予想されます。この手続きはなかなか順調に進まないことも多いため、老朽化したマンションへのローンはなるべく控えたほうがいいでしょう。競売になった場合も、期待した価格で売れる見込みはありません。

・管理状況、総戸数

新築マンション同様、管理状況や戸数は重要です。重要事項説明書をよく見て、管理組合がきちんと組織されていること、管理規約や修繕維持積立金の積立状況、大規模修繕の実施状況などを点検します。

・賃貸等投資物件との併用

投資物件などと併用されているマンションは、入居者が所有者でない場合が多く、居住者の意見が管理面に反映されないことが考えられます。また、居住者のマナーの低下など、日常生活でトラブルが起きる可能性もあります。現地でマンションの状況を確認するとともに、周辺の不動産業者などを訪問して評判を聞き取ります。

4 WHERE WHEN HOW WHY
～納得性の検証

生活の本拠として違和感がないことをチェック

（1）場所（WHERE）のチェックポイント

　購入する物件の場所には、購入動機が大きく影響すると考えられます。その場所は、本人および家族の生活の本拠となり、将来にわたって行動範囲を制限するものだからです。

・勤務地、通勤時間

　本人が生活費を稼ぐために働く場所が、本拠から日常的に通える範囲にあることは、労働生産性の見地から当然です。通勤の利便性が良くないと困りますので、勤務先から１時間を超えるような場所は普通選びません。これは自営業の人にも言えることです。生活の糧を得るために働く場所へは、時間をかけずに通えることに合理性があります。

・地縁、血縁

　今まで住んでいた場所や出身地など、地縁や血縁のある場所を選ぶのも一般的でしょう。妻の実家の近くということもよくあります。

・生活の利便性

　学校、商店、公共施設、電気・ガス・水道などのインフラ整備状況もポイントです。子供がいるのに近くに教育施設がない、家族で暮らすのに食料品・日用品の買い物場所が遠いなど、住宅を購入する場所に生活の利便性がない場合、当然疑問が生じるはずです。

　こういう場合は、必ず本人にその場所を選んだ動機やきっかけを聞いてみるべきでしょう。何か理由があるはずです。その説明に納得できないようであれば、購入の意図が住宅ではないおそれがあります。別荘や、賃貸

目的など、自宅以外を購入する目的が隠されているかもしれません。
・不動産業者の所在地
　現在の住居や新しく購入する物件とかけ離れたところにある業者が仲介する場合も、理由をしっかり確認します。
・金融機関との距離
　申込をする金融機関の営業店も、現住所あるいは購入物件、勤務先、仲介業者の所在地などから遠くない場所のはずです。これらと全く関係のないような営業店での申込など、納得性がない案件では問題が起きやすいようです。

（2）時期（WHEN）のチェックポイント

　家を購入する時期・タイミングに、必然性があるかも確認します。購入する時期は、当然ローンの申込より後になりますが、なぜその時期に住宅を購入するに至ったのかということが重要です。
・年齢、家族構成
　何度も述べてきたとおり、住宅というのは大変高額であり人生の中で何度も買うものではありません。住宅購入は、人生の節目となる大きな「ライフイベント」です。
　結婚したので新居を構えたい、子供の誕生に合わせて庭のある家を探している、親の介護のために同居を考えているなど、住宅を購入するのに納得できるタイミングといえるかチェックしましょう。
・職歴、勤続年数
　住宅ローンは、高額かつ長期間にわたる返済を要する商品です。収入の安定性がなければ返済は困難であり、今後も継続して安定した収入を見込める時期でなければ申し込まないはずです。
　就職して間もない人や、起業したばかりの人などは、収入の安定性から見て、住宅ローンを申し込むタイミングとしては首をかしげざるを得ません。一般的に、勤続3年以上であれば勤務状況は安定していると見ます。
　転職を繰り返すような人は収入の安定性を欠きますが、転職の経緯にもよります。自身の資格やキャリアを活かし、より良い収入や待遇を求めて

ステップアップするための転職であれば評価することもできます。ただ、職種がコロコロ変わるような不安定な職歴の場合は要注意です。
・現在の居住状況
　現住所に住んでいた期間はどのくらいか、その期間は生活の安定性の判断で重要になります。転居を頻繁に繰り返すようでは生活基盤の安定があるとは考えられないからです。購入してもすぐ売却しなければならなくなる可能性があり、経済的に不安です。

(3) 調達方法（HOW）のチェックポイント
　住宅を取得するには千万単位の資金が必要です。資金の調達方法には、自己資金（自分で貯蓄したもの）、親族からの援助（贈与、借入）、勤務先からの借入、年金融資や公的機関からの借入、それに金融機関の住宅ローンなどがあり、大半の人が住宅ローンを利用します（**図表４**）。
　この借入は、返済していかなければなりませんから、額には自ずと限度があります。まず、申込人の所得状況によって借り入れられる金額は異なり、給与所得者の場合は年収の40％程度以内など、各金融機関で目安を設けています。正社員であっても常に安定して収入が増加するわけではありませんから、なるべく負担の少ない方法を選択するのが普通の感覚です。
　そして、担保物件の評価によっても借入額に制限がかかります。調達可能な金額は、本人の返済能力、所得の多寡、あるいは安定性、物件の種類により決まってくるものなのです。無理のない調達方法であるか、しっかり確認しましょう。
・自己資金（頭金）
　最近は、取得金額の100％まで融資可能な金融機関も多くありますが、自己資金の有無、その内容を確認することは大切です。単に普通預金の通帳残高を確認するだけではいけません。自己資金でないものが一時的に入金されていることもあります。消費者金融からの借入などを自己資金と偽って申告されると、返済が困難な人に融資することにもなりかねません。貯蓄性の高い定期預金や積立預金の証書・通帳は信頼性が高いのですが、普通預金などは、その原資の入金状況を確認することも必要です。

図表4　住宅ローンを有する世帯

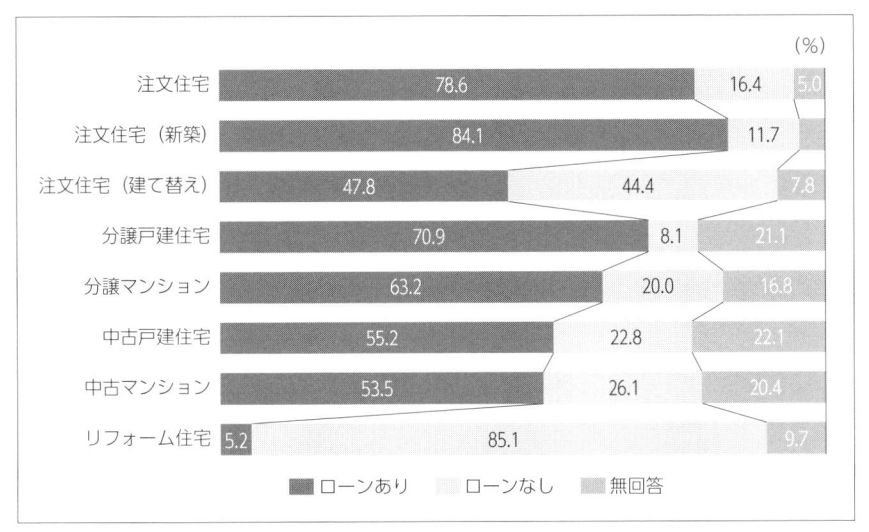

	ローンあり	ローンなし	無回答
注文住宅	78.6	16.4	5.0
注文住宅（新築）	84.1	11.7	
注文住宅（建て替え）	47.8	44.4	7.8
分譲戸建住宅	70.9	8.1	21.1
分譲マンション	63.2	20.0	16.8
中古戸建住宅	55.2	22.8	22.1
中古マンション	53.5	26.1	20.4
リフォーム住宅	5.2	85.1	9.7

出典：国土交通省「令和3年度　住宅市場動向調査」
※注文住宅の調査地域は全国、その他住宅は三大都市圏での調査

（4）購入動機、きっかけ（WHY）のチェックポイント

　ここまで、住宅ローンを申し込む人物はどういう人で、購入する物件はどんなもので、どこにあり、どんなタイミングで、どういう資金計画で…といった点について、その確認方法を説明してきました。これらの内容を確認していくことで、自然に「なるほど。こういう人生を送ってきて、現在こういう生活状況（家族構成や収入状況、資金蓄積状況等）にあるから家を買う決心をしたんだな！」と大体納得できるはずです。

　しかし、金融機関に持ち込まれる住宅ローンの案件はすんなり納得できるものばかりではありません。独身の若い人が郊外の一戸建てを購入する案件、定年間近の年配者が自己資金もなく新居を購入する案件など、悩ましい申込が押し寄せてきます。

　ですから、担当者は本人から、購入に至る経緯や決心したきっかけなどを聴き取ることが重要なのです。安易な計算で「返済可能、担保は基準どおり」と、機械的に進めるのは避けましょう。借りる本人、貸す金融機関双方が幸せになるような案件を取り上げなければいけません。

5 案件の持込ルートを検証する

案件を持ち込む不動産業者がお客様ではない

　金融機関への住宅ローンの持ち込みルートは、①利用者個人から直接の申込、②金融機関と提携する不動産業者を経由する申込、③物件を仲介する近隣不動産業者を通じての申込等があります。また、そのほかに④金融機関の取引先の企業の職域従業員を対象とする提携住宅ローンもあります。

　以前は金融機関に取引がない人々にとって直接申し込むには敷居の高い感じの金融機関も個人ローンに注力し、インターネットの普及やパソコン・スマホの利便性が高まるにつれ、ウェブサイトから簡単に申し込めるアプリを開発し、顧客獲得にしのぎを削っています。

　国土交通省の住宅市場動向調査（令和3年度）によると、物件に関する情報収集方法は、注文住宅取得世帯では「住宅展示場で」がトップであるものの、「インターネットで」も上位に入っています。分譲戸建住宅取得世帯と分譲マンション取得世帯（図表5）では「インターネットで」が最も多くなっています。

　中古戸建住宅取得世帯でも「インターネットで」が最も多い一方で、中古マンション取得世帯では「不動産業者で」が最も多くなっています。また、リフォーム実施世帯では、「以前から付き合いのあった業者」が最も多くなっています。平成時代と比較するとかなりインターネットの利用が顕著になっています。（※上記調査について、注文住宅の調査地域は全国、その他住宅は三大都市圏での調査）

　ただ、最終的に契約に至るときは、建築業者や分譲業者と直接交渉する、あるいは不動産業者が仲介しないと進まないわけですから、自分で申し込

第1章　申込受付時のチェックポイント

図表5　購入した住宅を見つけた方法

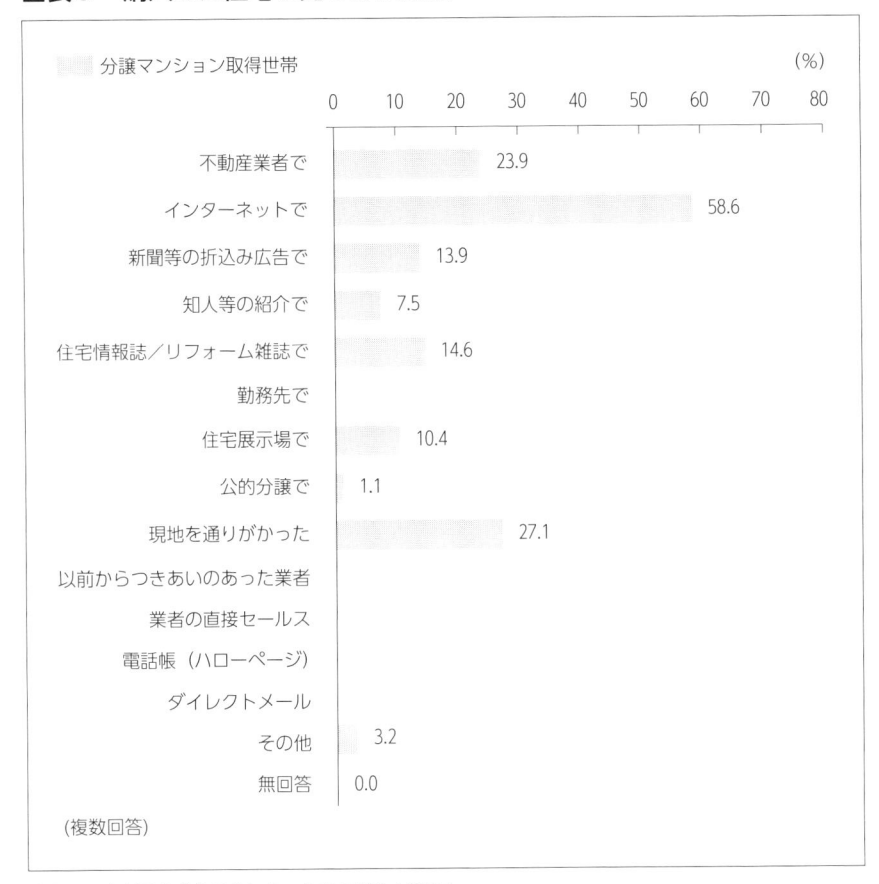

分譲マンション取得世帯　(%)

項目	%
不動産業者で	23.9
インターネットで	58.6
新聞等の折込み広告で	13.9
知人等の紹介で	7.5
住宅情報誌／リフォーム雑誌で	14.6
勤務先で	
住宅展示場で	10.4
公的分譲で	1.1
現地を通りがかった	27.1
以前からつきあいのあった業者	
業者の直接セールス	
電話帳（ハローページ）	
ダイレクトメール	
その他	3.2
無回答	0.0

（複数回答）

出典：国土交通省「令和3年度　住宅市場動向調査」
※三大都市圏での調査

むのではなく、業者紹介の金融機関に申し込む場合が多いのではないでしょうか。

　業者に頼らず自分で金融機関の条件等を検討して個別に申し込む人も徐々に増加していると思います。しかし、借換えローン等は当然利用することが多くなりますが、新規に購入および建築に関して実際に金融機関にもたらされる住宅ローンの情報は依然として不動産業者建築工事業者経由が多い傾向です。したがって、金融機関は有力不動産業者建築業者と密接

に情報交換することが多く、提携する場合もあります。

　あまり密接だと無理な案件、正常価格をはるかに超えるような物件に対し100％を超えるようなローンや返済能力や余資が十分でない申込人に能力を超えるような金額のローンを無理して実行するなどルールを逸脱するようなことも起こりえます。業者担当もノルマがあり、金融機関担当者も成果ありきになるとこうしたことを起こすことがあります。

　金融機関のお客様はあくまでローンを申し込む人であり、業者ではありません。無理をした結果はお客様の延滞、果ては経済的破綻、金融機関の不良債権の増加・経営悪化を招きます。

（1）業者のチェックポイント

　不動産業は、手軽に参入できる業種です。開業する人は大変多く、競争も激しい業界です。しかし、行政上の規制も多く、相当の知識や経験が必要な業界でもあります。

　物件を正しく把握しているかは特に重要で、取引業者が顧客に行う「重要事項説明」には、法律上説明すべきことがたくさん定められています。これをお客様に正しく説明しないと罰則があり、営業が停止されることもあります。

　ただし、業者は物件自体の説明については責任を負っていますが、申込人の信用調査については別です。申込人がどういう事情で当該物件を購入するのかは関係ないのです。申込人については金融機関が判断しなければなりません。業者に聞いても面倒がられるだけです。

　とはいえ、審査の段階で確認したい書類等は、あらかじめ業者を通じてお客様からもらうことができます。案件が持ち込まれた時点で、必要な書類を業者に依頼することが大事です。書類がそろった段階で、場合によってはお断りすることもあるということを必ず伝えておきましょう。

①免許の確認

　宅地建物取引業は、免許がなければ営業できません。宅地建物取引業法は、宅地建物の取引業者に免許制度を実施し、その事業に対し必要な規制を行うことによって、その業務の適正な運営と宅地および建物の取引の公

サンプル4　宅地建物取引業者票

宅地建物取引業者票	
免 許 証 番 号	東京都知事（5）第 123456 号
免 許 有 効 期 間	令和 4 年 2 月 14 日から 令和 9 年 2 月 13 日まで
商 号 又 は 名 称	キンダイ不動産
代 表 者 氏 名	近代 太郎
この事務所に置かれている 専任の取引主任者の氏名	近代 太郎
主 た る 事 務 所 の 所 在 地	東京都中野区新井○－△－× 電話03-6866-××××

（「東京都知事（5）」部分に注釈）免許の更新回数で業歴をチェックする

（「第 123456 号」の「（5）」部分に注釈）免許の種類で業者の規模をチェックする

正を確保し、業者の健全な発達を促進、購入者の利益の保護、宅地建物の流通の円滑化を図ることを目的としています（同法1条）。

また、第3条で免許について定めています。

・国土交通大臣許可……2つ以上の都道府県の区域内に事務所を設置し、事業を営むもの
・都道府県知事許可……1つの都道府県内の区域内にのみ事務所を設置して事業を営むもの

国土交通大臣の免許を受けている業者は、比較的規模の大きな業者です。また、免許は更新制になっており、5年ごとに更新手続きをしなければなりません。何回更新したかは業者の免許証番号に表示されていますから、その数が多いほど業歴が長いということです。

つまり、業者の免許証番号を見ればある程度の規模や業歴が分かり、信

用度の目安になります。この番号は、不動産業者の事務所に掲示してある「宅地建物取引業者票」で確認することが可能です（**サンプル4**）。

②役所での調査

　過去に不適切な営業をしていないかは、宅地建物取引業の免許を交付した行政庁で「宅地建物取引業者名簿」を閲覧することで調べられます。業者名簿に記載されている事項は、「免許証番号および免許取得年月日、商号または名称、事務所の名称と所在地、専任の取引主任者の氏名、過去の行政処分歴、過去の営業実績（過去3年分）、商号や役員の変更状況、株主・出資者、資産の状況等、兼業業種」です。

　新規に紹介をしてきた業者の場合は、必ずこの調査をします。

道路に面した1階の店舗が基本

③営業所の現地確認

　ひと言で不動産業者と言っても、仲介、地上げ、競売物件、建売物件など専門は様々で、どんな店舗を構えているかも重要なファクターです。

　仲介、分譲など一般的な取引を専門とする業者は、人通りが多く道路に面した1階に店舗を構えます。2階以上の場所に構えることは多くありません。したがって、店舗が1階にない業者は、ブローカー、競売専門、反社会的団体構成員等であることも考えられます。免許の登録が新しく、目立たない場所に店舗を構えているような業者は慎重に調査しましょう。

　店舗では、営業の許可番号を明示した証書、店頭に掲示された仲介・分譲している物件などを確認します。名義貸しの場合もあり得るため、取引主任者が常駐しているかも確認します。

　物件について質問し、明確に説明してくれるかをチェックしてみてもよいでしょう。

④反社会的団体との関連調査

　不動産は高額商品のため、犯罪に利用されることも少なくありません。初めて案件を紹介してきた業者の場合は特に、反社会的団体との関連調査が大切です。こうした調査は本部を通じて慎重に行いましょう。

（2）持込ルートのチェックポイント

　持込ルートで注意が必要なのは、紹介業者が金融機関の近隣でなく遠方から来ている場合や、物件が業者の営業区域とかけ離れている場合、お客様の現住所や勤務先も遠いというようなケースです。なぜ「わざわざ関係ない当店に話を持ってきたのか」と考えるべきでしょう。持込ルートでは、地理関係に整合性があることが重要です。

　例えば、「友人がその店で住宅ローンを借り、印象が良かったから」という理由で、地理的にまったく関係のない営業店で申し込まれた案件があります。この案件は、勤務先も収入証明も偽造で結局破たんしました。勤務先などを慎重に確認していれば問題なかったと思いますが、そもそも「なぜその店に来たのか」という点に疑問を抱かなかったのが致命的です。

　こうした事態を招かないためには、重要事項説明書（68ページ）に記載された売主、買主の仲介業者の点検が大切です。重要事項説明書には売買の仲介業者の署名捺印があり、住所等も分かります。売りの仲介業者の住所と売り物件の場所、買いの仲介業者と買主の住所の地理的な整合性に注意しましょう。

6 借換ローンのチェックポイント

超低金利時代を境に増加した借換ローン

本章の最後に、借換ローンについて取り上げます。

借換ローンは、超低金利時代に突入した平成7年頃から銀行等の金融機関でも大量に取り扱われ始めました（**図表6**）。昭和57年から始まった旧住宅金融公庫の段階金利が、高金利に変わる時期とも重なります。銀行等の金融機関は事業性融資の伸び悩みから積極的に取扱いを増やし、条件も相当緩和し始めました。

申込人については、新規購入と違ってすでに住宅ローンの返済実績があるため、審査はその返済実績を重視します。

物件の審査については、バブル時代の不動産ですから大幅に値下がりしており、単純に評価するとローン金額を下回るものがほとんどでした。そのため担保掛目も大幅に緩和され、担保評価額の2～3倍まで融資可能という借換ローンも増えました。さらに、借入に伴う諸費用や、リフォーム資金までカバーできるなどサービスも豊富です。

当初は旧住公の肩代わりが中心でしたが、現在は競合する金融機関間で金利差を見ながら借換えする人が増加しています。

では、借換ローンの審査ポイントを説明します。

①既存ローンは住宅性資金であるか

借換ローンを受け付ける際の確認資料は、売買契約書、重要事項説明書、登記事項証明書、既存ローンの返済予定表・返済用預金通帳等です。物件の確認資料は住宅購入時と同じですが、ここに返済予定表・預金通帳が加わります。そして借換対象となるローン契約は、登記事項証明書に記載さ

第1章 申込受付時のチェックポイント

図表6　民間金融機関の住宅ローン金利推移

(2022年7月)
年3.65%
年3.15%
年2.475%

※主要都市銀行のＨＰ等により集計した金利（中央値）を掲載。なお、変動金利は昭和59年以降、固定金利期間選択型（3年）の金利は平成7年以降、固定金利期間選択型（10年）の金利は平成9年以降のデータを掲載。
※このグラフは過去の住宅ローン金利の推移を示したものであり、将来の金利動向を約束あるいは予測するものではありません。

出典：住宅金融支援機構ホームページ

れた抵当権に対応する金銭消費貸借契約であることが条件となります。

　返済予定表や金額だけで判断してはいけません。稀に、住宅性資金ではないローンの借換えを申し込んでくる人もいるので注意しましょう。

　また、住宅性資金でもノンバンクなどで借りているものは、違反建築など銀行等の金融機関では条件をクリアーできないものの懸念があるため、属性や担保について十分に調べる必要があります。

②返済実績に問題はないか

　借換ローンは、すでに金融機関の審査を経て返済を行っているため、その実績を確認できることが大きなポイントです。

・当初借入からの経過期間

　既存ローンの借入から短期間で借り換えるというのは費用の面でも損ですし、あまりに軽率な選択と考えられます。通常は、3年程度の返済実績があることを確認します。

・延滞の有無

47

過去1年程度の返済状況を確認し、延滞がないかチェックします。延滞実績があるのはやはり望ましくありません。家計管理がずさんだったり、収入面で無理があることが疑われます。

　延滞があったとしても、「資金は余裕があるのにうっかりミスで預金の移し替えを失念していた」といった事実が預金残高等で確認できれば問題ないと思いますが、それが確認できない場合は「実態的に資金不足、返済能力に問題あり」としてお断りすべきでしょう。

③借換えにメリットはあるか

　借換えが本人の利益になることが重要であり、それ以外は取り上げるべきではないと考えます。借換えによる金利変動や費用の負担を計上したシミュレーションを実施し、本人に借換えの目的を聞き取るなどして、どんなメリットがあるのかを確認します。

　一般的に、住宅ローンの借換えによって生じるメリットは以下のようなものです。

⑦金利の低下により、借換え前よりも支払総額が減少する
④変動金利を固定金利に変更することにより、将来の金利上昇リスクを回避する
⑦複数のローンを一本化することにより、金利や事務の負担を軽減する
㊃返済期間の延長により、毎月の返済額を軽減する

　⑦④⑦は積極的な改善策として取り上げたい案件です。これに対して㊃は、負担の軽減が目的ですが、期間の延長で支払総額が減少するわけではありません。「返済が厳しいために行うリスケ（条件変更）」とも考えられます。こうしたケースは本来、現在借りている金融機関で条件変更を申し込むべきもののため、あまり積極的には取り上げられません。

　ただ、子供の教育費など当初借入時に予想していなかった出費が発生した、または予想以上に出費がかさんだ場合などもあります。属性や担保等を勘案し、判断することになるでしょう。

　いずれにせよ、借換案件では担保割れする場合が多いので、収入の安定性を重視します。安定した業績の企業に勤務する給与所得者が融資対象の中心になるでしょう。もちろん、担保が十分な案件では、普通の住宅ロー

ンと同様の扱いになります。

住替えローンでは人＆物件のグレードアップがポイント

　借換ローンの一形態である「住替えローン」を取り扱う金融機関もあります。これは、住宅を買い替える際に、現在の住宅に係るローンが残っており、現在の住宅の売却金額では残債の返済が困難な場合に、新規物件の購入資金に加えて返済不足額も融資するというものです。

　審査の基本的な考え方は借換ローンとほぼ同じですが、新規に住宅を購入するという積極的な部分があります。したがって、申込人の属性は、収入や職位が上昇傾向にあり、購入する物件も、現在の住宅よりグレードアップするはずです。つまり、より広い住宅に移り住む、あるいは郊外から都心に移り住むようなケースになるでしょう。住替えローンでは、こうした人物および物件のグレードアップを念頭において審査を進めます。

　確認資料としては、借換えと同じ書類（既存ローンの確認用）に加えて、新しく購入する物件の売買契約書や重要事項説明書等が必要になります。

　また、「新規物件の購入」と「既存物件の売却」が同時にできることが条件となるため、その点を申込人や仲介業者によく説明することも重要です。新規物件の購入を先行し、既存物件がなかなか売却できないといった事態に陥らないよう、慎重に取り扱うことが求められます。

第2章

担保物件の確認と書類の見方

第2章 担保物件の確認と書類の見方

1 購入物件の調査をするワケ

担保の適格要件は流通性が最重要ポイント

　住宅ローンは、購入物件を担保とすることが必須条件です。これは、お客様が返済不能の状態に陥った場合に、その担保を処分（売却）することによってローンを回収するためです。したがって担保物件は、その目的に合致するもの、つまり適格要件を満たす必要があります。

　物件が金融機関の担保として適格でなければ、いくら申込人の属性が完璧でも受け付けられません。不動産業者は、説明責任さえ果たせば、売買契約の成立によってその仕事は終了です。しかし、金融機関とお客様との取引はここからスタートします。お客様にとっては、事情により手放すことになった時に、容易かつ適正な価格で売却できることが大切であり、金融機関にとっても、売却処分で債権回収しなければならない時に、速やかに全額回収できる物件であることが望ましいのです。

　担保としての適格要件を満たす物件とは、①融資期間中に消滅せず（永続性がある）、②権利形態に変化がなく（確実性がある）、③いつでも換金できる（市場性・流通性がある）ものを指します（図表7）。

　お客様にとっても金融機関にとっても特に重要なのは、③の流通性です。床と壁と屋根があって、住めさえすればいいわけではありません。不動産は、交通事情等の住環境や、各種法令等の制約によってその流通性が大きく左右されます。

①物件の確定＆書類審査

　担保調査はまず、対象となる不動産を確定することから始めます。お客様から申込書をもらっていますから、物件の住所は分かります。その他に

図表7　適格性のチェックポイント

永続性	築年数の古い中古マンションなど、融資期間中に建て替えられるようなことはないか
確実性	買戻特約、代物弁済予約があるなど、権利が変動するおそれはないか。また、斜陽産業の企業城下町などで物件価格の下落は見込まれないか
流通性	売買や宅地化に制約はないか 　　要注意例）農地、市街化調整区域など
	流通市場がない、または限定的ではないか 　　要注意例）社寺境内、災害危険地区など
	所有者単独で売却等の決定ができるか 　　要注意例）共有地など

案内図やチラシ、登記事項証明書などもあるでしょう。そうした資料をもとに、物件がどういうものかを確定していきます。

②現地調査

　不動産はその名のとおり、場所が固定されています。そして、場所によって生活環境、インフラ整備状況および気候・地形・河川などの自然条件が異なります。発展している地域か、衰退している地域かといった経済的な違いもあります。これら物件の評価に影響を及ぼす要因を確認するには、実際に現地に赴きチェックする必要があります。事前に集めた資料で確定した物件が「実際にはどうか」を確認し、疑問点があればメモしておきます。行政的な規制については、役所に行って確認しましょう。

③適格性の判断＆評価額の算定

　書類や現地を確認して分かった事項を総合的に判断し、金融機関の担保として適格かどうかを決定します。

　本章では、物件に関わる法令にはどういうものがあり、それにより物件がどんな制約を受けるのか、物件の確認書類にはどういうものがあり、それにより何が分かるのかなどについて述べていきます。

2 物件に関わる法令①　都市計画法

流通性で勝るのは市街化区域内の物件

　前項で、物件の審査では流通性が重要と述べましたが、この流通性には行政法が大いに影響してきます。例えば、一定要件を満たさないと住居等を建築してはいけない地域であるとか、崖崩れの危険があり建築するには相当の造成をして検査を受けなければいけないとか、土地面積に一定の広さがないと建築不可であるなど、様々な規制があります。

　こうした行政上の規制について、すべてを覚える必要はありません。重要事項説明書や建築確認済証などをチェックする際に、法令上の制限や開発許可の根拠などをしっかり確認することが大切です。

　関係してくる行政法のうち、まずは「都市計画法」の審査上ポイントになるところを説明します。

　都市計画法とは、「都市計画」の内容およびその決定手続き、開発許可や建築制限などの都市計画制限、都市計画事業の認可・施行などについて定めた法律です（同法1条）。都市計画とは、土地の利用、都市施設の整備および市街地開発事業に関する計画をいいます。

（1）土地の分類
①都市計画区域

　日本の土地は、この都市計画法によって大きく「㋐都市計画区域、㋑準都市計画区域、㋒都市計画区域外」に分けられます（同法5条）。

　㋐都市計画区域とは、市または町村の中心部を含み、一体的に整備・開発・保全する必要がある区域です。

第2章　担保物件の確認と資料の見方

図表8　都市計画法上の分類

都市計画区域		市、または一定要件を満たす町村の中心市街地を含み、かつ自然的および社会的条件等を勘案して、一体の都市として総合的に整備・開発・保全する必要がある区域
	市街化区域	すでに市街地を形成している区域、および10年以内に市街化を図る区域
	市街化調整区域	市街化を抑制すべき区域
	無指定区域	市街化区域でも市街化調整区域でもない都市計画区域
準都市計画区域		都市計画区域外で、建築等が現に行われ、または行われると見込まれる区域を含み、かつ自然的および社会的条件等を勘案して、そのまま土地利用を整序し、または環境を保全するための措置を講ずることなく放置すれば、将来における一体の都市としての整備、開発および保全に支障が生じるおそれがあると認められる一定の区域

㋑準都市計画区域とは、都市計画区域外で市街化が進行すると見込まれる場合に、土地利用を規制するために設けられる区域です。例えば、高速道路のインターチェンジ付近など、交通の利便性が高く、地形的にも開発が容易と想定される区域を中心として、今後も人口が増大する区域の周辺や大規模集客施設などの立地の可能性が高い区域が指定されます。

都市計画区域および準都市計画区域に指定されていなければ、㋒都市計画区域外となります。

②区域区分（線引き）

都市計画区域はさらに、「ⓐ市街化区域」と「ⓑ市街化調整区域（以下、調整区域という）」に線引きされています（同法7条）。

ⓐ市街化区域とは、「すでに市街地を形成している区域、および概ね10年以内に優先的かつ計画的に市街化を図るべき区域」とされます。後述する「用途地域」を指定し、道路や公園、下水道等の整備を行い、計画的に市街化が図られます。

ⓑ調整区域とは、「市街化を抑制すべき区域」とされ、自然環境等を守る趣旨から、開発や建築が制限されています。

1つの都市計画区域を市街化区域と調整区域に分けることを「区域区分

（または線引き）」といいますが、この区域区分がなされていない都市計画区域もあります。これを「無指定区域（非線引き区域）」といいます。無指定区域は、人口が減少傾向にあるなど、市街化の圧力が弱い地域であり、土地利用に関する規制等が緩くなっています。

なお、都市計画区域は日本国土の約4分の1を占め、総人口の94％が居住しています。さらに、国土の5％ほどである市街化区域等（市街化区域と無指定域内の用途地域）には、総人口の約8割が居住しています。

③用途区域

都市において、種類の異なる土地利用が混じっていると、互いの生活環境や業務の利便性が悪くなります。「用途地域」は、用途や使用目的の異なる建築物が同一地域に混在しないようにするために定められたもので、用途地域が指定されると、それぞれの用途に応じて、建てられる建物の種類が制限されます（図表9）。

市街化区域は必ず12種類の用途地域のいずれかに指定されますが、調整区域については原則として用途地域を定めないものとされています。無指定区域については、用途地域を定めている部分もありますが、定められていない部分（非線引き白地地域）もあります。

用途地域は市町村のサイトで用途地域マップを利用することができます。

（2）開発行為等の規制

①開発行為の許可

都市計画区域や準都市計画区域では、「一定以上の規模の開発行為を行おうとする者は、原則として都道府県知事から開発許可を受けなければならない」という規制があります（同法29条）（次ページの図表10）。

開発行為とは、主として、㋐建築物の建築、㋑第1種特定工作物（コンクリートプラント等）の建設、㋒第2種特定工作物（ゴルフコース、1ヘクタール以上の墓園等）の建設を目的とした「土地の区画形質の変更」をいいます。

なお、図書館や公民館等の公益上必要な建築物のうち周辺の土地利用上支障がないもの、土地区画整理事業等の施行として行うものなど、規制の

図表9　用途地域の種類と制限

用途地域	内容
第一種低層住居専用地域	低層住宅のための地域。小規模な店舗や事務所を兼ねた住宅、小中学校などが建てられる
第二種低層住居専用地域	主に低層住宅のための地域。小中学校などのほか、150㎡までの一定の店舗などが建てられる
第一種中高層住居専用地域	中高層住宅のための地域。病院、大学、500㎡までの一定の店舗などが建てられる
第二種中高層住居専用地域	主に中高層住宅のための地域。病院、大学などのほか、1500㎡までの一定の店舗や事務所など必要な利便施設が建てられる
第一種住居地域	住居の環境を守るための地域。3000㎡までの店舗、事務所、ホテルなどは建てられる
第二種住居地域	主に住居の環境を守るための地域。店舗、事務所、ホテル、カラオケボックスなどは建てられる
田園住居地域	農地や農業関連施設などと調和した低層住宅の良好な住環境を守るための地域。農産物の生産施設や農産物農業の生産資材の倉庫等のほか、500㎡までの一定の地域で生産された農産物を販売する店舗等も建てられる
準住居地域	道路の沿道において、自動車関連施設などの立地と、これと調和した住居の環境を保護するための地域
近隣商業地域	周辺住民が日用品の買い物などをする地域。住宅や店舗のほかに小規模の工場も建てられる
商業地域	金融機関、映画館、飲食店、百貨店などが集まる地域。住宅や小規模の工場も建てられる
準工業地域	主に軽工業の工場やサービス施設等が立地する地域。環境悪化が大きい工場のほかは、ほとんど建てられる
工業地域	どんな工場でも建てられる地域。住宅や店舗も建てられるが、学校、病院、ホテルなどは建てられない
工業専用地域	工場のための地域。どんな工場でも建てられるが、住宅、店舗、学校、病院、ホテルなどは建てられない

対象にならない開発行為もあります。

また、市街化区域外で農林漁業者のための建築物の建築目的で行う開発行為は許可が不要です（規模を問わない）。

②市街化調整区域における開発行為等

調整区域は「市街化を抑制すべき区域」とされているため、原則として

図表10　許可を要する開発行為

都市計画区域	3000㎡以上
市街化区域	1000㎡（三大都市圏の既成市街地、近郊整備地帯等は500㎡）以上
市街化調整区域	原則としてすべての開発行為
準都市計画区域	3000㎡以上
都市計画区域および準都市計画区域外	1 ha以上

（注）市街化区域外で、農業、林業もしくは漁業の用に供する政令で定める建築物またはこれらの業務を営む者の居住の用に供する建築物の建築の用に供する目的で行う開発行為の場合、許可は不要（規模は問わない）

一般の住居等は建てられません。開発許可に関しても厳しい制限が設けられており、同法34条1号～14号で定めた行為以外は許可されないことになっています（図表11）。また許可を受けた区域以外については、同法43条で建築等の制限が定められています。

したがって、市街地としてのインフラ等も整備が劣ります。許可を受けた物件であっても農業従事者等その区域に限定して働く人たちにしか需要がなく、必然的に価格・流通性も低くなります。

調整区域内の物件を担保とする場合は、同法34条11号の許可を受けたもの（50戸以上の建物が連たんしている地域）か、同法43条の許可のうち都市計画事業等で開発された住宅団地など、比較的流通性の高いものに限定するのが一般的です。

農家の分家は再建築が困難なため慎重に判断

同法34条14号に規定された「開発審査会」の審議を経て許可されるものとして「農家の分家」があります。調整区域内で建築できる住宅としてよく取り上げられますが、以下のような合理的事情があることが要件となります。

・市街化区域と調整区域の線引きがされる以前から、本家世帯が所有している土地であること

図表11　調整区域内で認められる開発（都市計画法34条各号）

1号	周辺居住者の利用に供する公益上必要なものまたは日常生活に必要な物品の販売、加工、修理等の業務を営むもの
2号	市街化調整区域内に存する鉱物資源、観光資源等の有効な利用上必要なもの
3号	温度、湿度、空気等について特別の条件を必要とする事業の用に供するもの
4号	農林漁業の用に供するもの（法第29条1項2号で定める建築物以外）または農林水産物の処理、貯蔵、加工に必要なもの
5号	特定農山村地域における農林業等の活性化のための基盤整備の促進に関する法律の所有権移転登記等促進計画に定める利用目的によるもの
6号	都道府県が国または独立行政法人中小企業基盤整備機構と一体となって助成する中小企業者の行う他の事業者との連携もしくは事業の共同化または中小企業の集積の活性化に寄与する事業の用に供するもの
7号	市街化調整区域内において現に工業の用に供されている工場施設における事業と密接な関連を有する事業の用に供するもので、これらの事業活動の効率化を図るために必要なもの
8号	火薬類取締法で定める危険物の貯蔵または処理に供するもので、市街化区域内において建築または建設することが不適当なもの
9号	前各号に規定するもののほか、市街化区域内において建築または建設することが不適当なもの（休憩所、給油所、火薬類の製造所、道路管理施設）
10号	地区計画または集落地域整備法に基づく集落地区計画の区域において、定められた内容に適合するもの
11号	市街化区域に近接する区域において、条例で定める周辺環境の保全上支障がある用途に該当しないもの（50戸連たん）
12号	市街化区域において行うことが困難または著しく不適当と認められ、条例で区域、目的、建築物用途を限り定めたもの
13号	市街化調整区域が定められた（線引き）後、6ヵ月以内に該当する者が届出をして、5年以内に届出の内容どおりに行うもの
14号	開発審査会の議を経て、開発区域の周辺における市街化を促進するおそれがなく、かつ、市街化区域において行うことが困難または著しく不適当と認められるもの

・既存の集落かその周辺の土地であること
・本家世帯、分家世帯が他に住宅を建築できる土地を持っていないこと
・結婚、家族の増加、Uターンなど住宅の建築が必要な理由があること
・建築する人が、本家世帯に属している人か本家世帯に属していた人で、本家たる世帯に属している人から3親等以内の人であること

　農家の分家として許可を受けたお客様から住宅ローンの申込を受けることもありますが、処分性の低さには留意が必要です。前述のように調整区域内では需要が低いことに加え、買い手がいたとしてもその人が農業従事者等でなければ建替えの許可が下りないため、高く買ってもらうことは困難だからです。

道路予定地は計画段階か事業決定段階かを確認

③都市計画道路

　重要事項説明書に「計画道路あり」という記載が時々見られます。売買対象となる土地が、道路など都市計画施設の区域内や、市街地開発事業の施行区域内などに該当する場合には、重要事項説明書の「都市計画法・建築基準法等の法令に基づく制限」の欄に必ず記載があるはずです。

　これらに該当する区域内では、住宅等の建築に都道府県知事の許可が必要など、一定の制限が設けられています（同法53条）。重要事項説明書にこのような記載がある場合には、当該事業等が計画段階か事業決定段階かを確認しましょう。

　計画から事業決定までには長い期間がかかるため、計画段階であれば一定の条件を満たせば許可されるように定められています。事業決定段階になると、原則として建築はできません。

　都市計画施設の区域内等で建築が許可される主な基準は、次のように容易に移転・除去できる物件であることです（同法54条）。

・2階以下であること
・地階を有しないこと
・木造、鉄骨造、コンクリートブロック造等であること

図表12　道路予定地内の建築制限

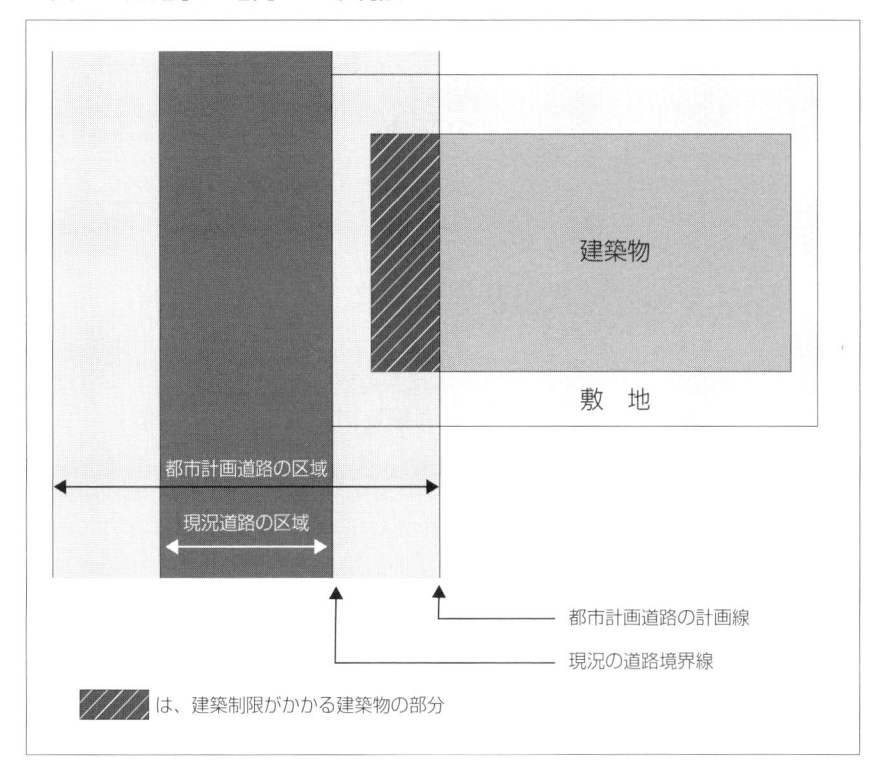

（図中の文字）
建築物
敷　地
都市計画道路の区域
現況道路の区域
都市計画道路の計画線
現況の道路境界線
は、建築制限がかかる建築物の部分

　また、都市計画施設にかかる部分がわずかな場合は将来的にも再建築が可能ですが、全面的にかかる場合は困難ですから、当該事業等の計画図も調べましょう。

　計画段階の道路予定地で建築が許可されなかった場合には、土地所有者からの申請に基づき、都道府県知事等がその土地を時価で買い取ることになっています（同法56条）。

　つまり、道路予定地であっても事業決定前であれば建築可能ですし、建築が許可されなくても時価で買い取りをしてもらえるため、不動産業者は普通に建売住宅等を販売しています。金融機関もローンを受け付けていますが、ローン期間の設定等には注意しましょう。

3 物件に関わる法令② 建築基準法

担保にできるのは建築基準法に従った適法な物件

　建築基準法とは、建築物の敷地、構造、設備および用途に関する最低の基準を定めた法律です（同法1条）。金融機関が住宅ローンを受け付ける場合には、建築基準法で求められた条件を満たす建物でないと、コンプライアンス上許されません。

①建築確認

　家を建てる時は、この法律で定められた基準に沿うように、あらかじめ「建築確認申請」をする必要があり、その申請が承諾されて初めて建築することが可能になります。

　建築確認が済んでいるかどうかは、「建築確認済証（建築確認申請書第1面～第5面を含む）」によって確認します。新築住宅の場合、相談の段階では、建物図面や見積り等で判断することもありますが、審査の最終決定段階には必ず建築確認済証を確認しなければなりません。

②道路の定義

　建築基準法42条1項では「道路とは、次の各号の一に該当する幅員4メートル（場合によっては6メートル）以上のもの」と定義しています。各号の一とは、以下のものを指します。

・道路法による道路
・開発道路
・既存道路
・計画開発道路で2年以内にその事業が執行される予定のもの
・位置指定道路

図表13　42条2項道路

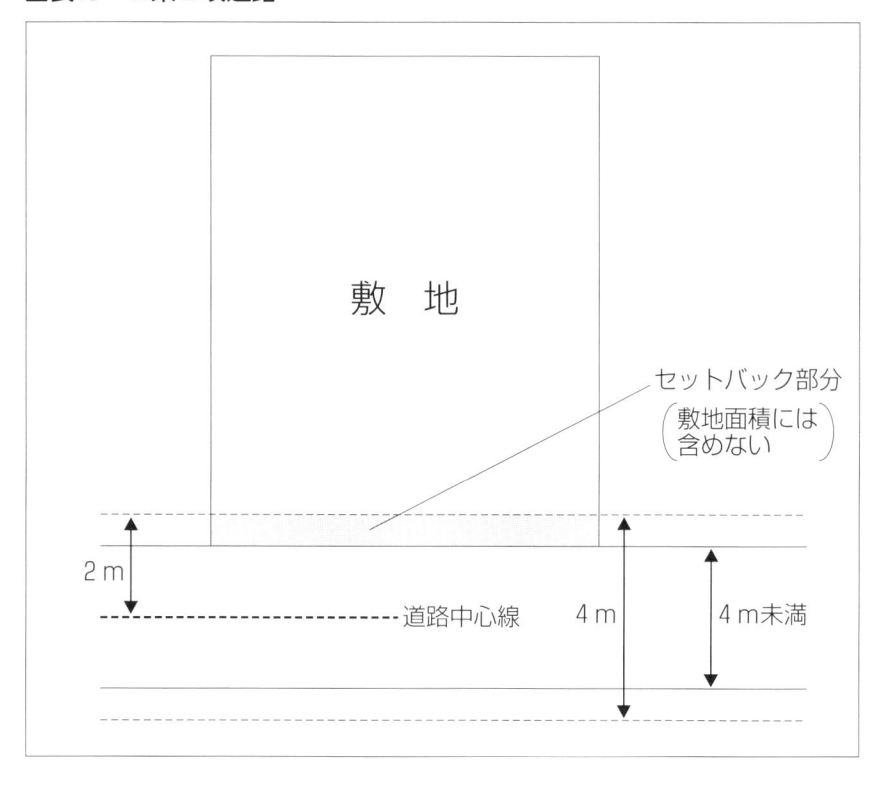

しかし、法律の施行前に市街化された地域には4メートル未満の道も多いため、同条2項では「この規定が適用されるに至った際、現に建築物が立ち並んでいる幅員4メートル未満の道で、特定行政庁の指定したものは、第1項の道路とみなす」としています。これを「42条2項道路（2項道路）」や「みなし道路」といいます。

42条2項道路は幅員4メートル未満のため、道路の中心線から水平距離2メートル（場合によっては3メートル）のところを本来の敷地と道路の境界線とします（図表13）。境界線より道路側のセットバック部分は道路とみなされ、建ぺい率や容積率を算出する際の敷地面積に加えることはできません。

③接道義務

　建築基準法上の制約で1番大事なのは、「敷地と道路の関係」です。

　建築基準法43条は接道義務について定めており、「建築物の敷地は、道路に2メートル以上接しなければならない」としています。つまり、以下の要件を満たす敷地でなければ建物の建築はできません。

・敷地が道路に2メートル以上接していること
・敷地が接している道路が建築基準法上の道路であること

　これを満たしているかどうかは、現地および役所での調査によって確認できますが、敷地の形状の問題などで、法定道路に2メートル以上接することが難しい場所もあります。そのため、同法43条の「但し書き」によって、敷地が一定の環境の中にあれば特別に許可を受けて建築できるよう救済措置が設けられています。一定の環境とは、以下のようなものです。

・敷地の周囲に公園、緑地、広場等広い空地を有すること
・敷地が、農道その他これに類する公共の用に供する道（幅員4メートル以上のものに限る）に2メートル以上接すること
・その敷地が、建築物の用途、規模、位置および構造に応じ、避難および通行の安全等の目的を達するために十分な幅員を有する通路であって、道路に通ずるものに有効に接すること

　43条但し書きは、敷地の置かれた状況、通行や安全等を考慮し、建築審査会の議を経て特別に認可されるものであって、建築確認申請も簡単には通りません。再建築する場合にもこの手続きが必要であり、法定道路に適法に接するものに比べて価格的にはかなり落ちます。したがって、担保とするには慎重な姿勢が必要です。

　なお、道路について定義した建築基準法42条には6項までありますが、金融機関の担保として認められる接道は、一般的に2項までです。

地域によって建てられる物件に制限がある

④建築物の用途

　建築基準法48条では、建築物の用途の制限について定めています。都市

計画法8条で定められた用途地域における建築物の制限で、例えば、第1種低層住居専用地域には住宅に類するもの以外は、学校、交番、診療所、寺社などしか建てられないことになっています（57ページ図表9参照）。

⑤延べ面積の割合（容積率）

同法52条は、建築物の延べ面積の敷地面積に対する割合、いわゆる「容積率」について定めています。用途地域の立体的な利用が制限されるもので、住宅地は低層なのに対し、商業地は高層が認められます。

⑥建築面積の割合（建ぺい率）

同法53条では、いわゆる「建ぺい率」について定めており、敷地の平面上の利用が制限されています。建ぺい率とは、建築物の建築面積の敷地面積に対する割合のことです。低層住宅地では、敷地面積の半分程度までしか認められません。

⑦最低敷地面積

用途地域内では、当該地域の良好な環境を維持するため、必要な場合に限り「建築物の敷地面積の最低限度」を定めることができます（都市計画法8条3項2号イ）。例えば最低100平方メートル以上など、最低敷地面積が定められた地域では、それを下回る面積の敷地に建築物を建てることはできません。

この最低敷地面積について、建築基準法53条の2では「200平方メートルを超えてはならない」と定めています。

⑧その他の注意すべき法令

・宅地造成等規制法（造成の許可、検査済の確認）
・河川法（住宅建築に際し河川の占用使用が必要になることもある）
・農地法（田などの農地には建物は建てられないので農地転用の許可、届け出が必要）
・土地区画整理法（仮換地）
・文化財保護法等（埋蔵文化財）

4 物件の確認書類① チラシ広告

物件の概要をおおまかに把握する

　住宅ローンの相談の段階では、物件のチラシ広告などを持って来るお客様が少なくありません。まだ契約に至っていない段階では、よく用いられる資料です。

　町の不動産屋の前には、ある一定の形式になった不動産のチラシ広告が掲示されています。これらは「マイソク」といわれます。もともとは、これらの資料を作成し配信する情報会社の社名ですが、転じてこれらの資料をマイソクと呼ぶようになっています。

　マイソクには、現地の案内図や間取り図のほか、価格、所在地、土地・建物の面積、私道負担、建物の種類・構造、都市計画法上の地区、用途地域、接する道路の種類などが記載してあります（サンプル５）。

　したがって、これにより物件の概要は見当がつきますが、公図や登記事項証明書がないと、敷地と道路の関係や、所有者等の権利関係などを正確に把握することはできません。

　マイソクには、「提供している情報の個々の詳細については保証するものではない」と断り書きがしてあります。個々の詳細情報については、取り扱う不動産業者に十分な説明を受け、担当者自身の責任で判断する必要があります。

　マイソクは、あくまで担保としての適格性の「目安」と、おおまかな評価がつかめるにすぎません。中には問題になるようなことを隠蔽するような業者もいますから、他の資料も提出してもらい、役所等で確認することが大切です。

第２章　担保物件の確認と資料の見方

サンプル５　マイソク

土地の形状（整形地か不整形地か）が分かる

都市計画法による区域や地目・建築制限等は他の書類も確認する

接道幅が不明なので、公図を確認。役所でも42条何項何号の道路かなどを確認する

所在地	中野区中央１丁目13番地９号
交通	中央総武線「東中野」駅歩10分
土地	正味面積	125.64㎡
	他に私道面積	
建物	建物面積	95.23㎡
	構造規模	木造スレート２Ｆ
	築年月	平成26年８月
法令上の制限	土地権利	所有権
	地目	宅地
	都市計画	市街化区域
	用途地域	第一種低層住宅専用地域
	建ペイ率 容積率	建ペイ率50％・容積率100％
	その他	
備考	現況引渡	引渡し即可
	設備	公営水道・個別Ｐ・本下水
	接道	東４ｍ公道
	その他	KINDI-001131

5 物件の確認書類② 重要事項説明書

担保調査の必須事項がほぼ網羅された重要書類

　重要事項説明書とは、不動産の売買契約が成立するまでの間に、対象物件に登記された権利関係や、都市計画法、建築基準法等の法令に基づく制限などの重要事項について、契約の当事者に対し不動産業者が取引主任者によって説明させるためのものとして、宅地建物取引業法35条に定められている書面です。

　主な記載事項は、下記のとおりです。
・宅地または建物に直接関係する事項
　（登記事項、法令に基づく制限の概要、私道負担に関する事項、水道・電気・ガスの供給施設および排水施設の設備状況など）
・取引条件に関する事項
　（代金および交換差金以外に授受される金額、契約の解除に関する事項、損害賠償の予定または違約金に関する事項、手付金等の保全措置の概要など）

　宅地建物取引業法37条には必要記載事項が定められており、その事項を記載した書面を交付することが義務付けられています。

　お客様が重要事項説明書を提出するということは、すでに契約が成立していることを意味します。したがって、売買契約書もあるはずです。これらの書類は、担保の内容を把握するために必須のものですから、よく内容を検討しましょう。

　本項では、重要事項説明書のサンプルを参照しながらポイントを説明したいと思います。

サンプル6-1　重要事項説明書

重要事項説明書

買主　　佐藤　大輔　　様　　　　売主　　鈴木　健太　　様

次頁記載の不動産について宅地建物取引業法第35条・第35条の2の規定に基づき次のとおりご説明いたします。この内容は重要ですから十分理解されるようお願いいたします。

取引態様	売買 ☑媒介 □代理 □売主	取引態様	売買 ☑媒介 □代理 □売主
免許番号	☑国土交通大臣　□県知事 （ 10 ）第　12××　号	免許番号	国土交通大臣　☑神奈川県知事 （ 10 ）第　34××　号
免許年月日	平成　〇　年　〇　月　〇　日	免許年月日	平成　〇　年　〇　月　〇　日
主たる事務所の所在地	東京都新宿区西新宿×丁目×－×	主たる事務所の所在地	神奈川県横浜市栄区〇〇×丁目×－×
商号又は名称	キンダイ不動産販売　株式会社	商号又は名称	株式会社　近代住宅センター
電話番号	03-1234-××××	電話番号	045-5678-××××
代表者の氏名	高橋　誠　　　　　　㊞	代表者の氏名	田中　直樹　　　　　　㊞
説明をする宅地建物取引主任者		説明をする宅地建物取引主任者	
氏　名	伊藤　拓也	氏　名	山本　祐介
登録番号	神奈川県知事登録　第0123××号	登録番号	神奈川県知事登録　第4567××号
業務に従事する事務所	横浜営業事務所 神奈川県横浜市中区〇〇×-×-× 電話番号　045-1234-××××	業務に従事する事務所	近代住宅センター 神奈川県横浜市栄区〇〇×-×-× 電話番号　045-5678-××××
営業保証金を供託する供託所	法務省東京法務局供託課 東京都千代田区九段南1-1-15	営業保証金を供託する供託所	法務省東京法務局供託課 東京都千代田区九段南1-1-15

上記宅地建物取引主任者から宅地建物取引主任者証の提示があり重要事項説明書の交付を受け以上の重要事項について説明を受けました。

令和　〇　年　〇　月　〇　日

売　主　　住　所　　神奈川県横浜市栄区笠間×－×－×

　　　　　氏　名　　鈴木　健太　　　　　　　　㊞

買　主　　住　所　　東京都中野区新井〇－〇－〇

　　　　　氏　名　　佐藤大輔　　　　　　　　　㊞

サンプル6-2

1．不動産の表示
(1) 土地

所　在	地番	地目	地積	（持分）
① 横浜市栄区笠間×丁目	11番12	宅地	123.11　㎡	／
② 同上	11番13	宅地	45.22　㎡	／
（合計1筆）	登記簿面積合計		168.33　㎡	
実測面積	㎡（現況測量図・確定測量図に基づく…別添測量図をご参照ください）			
権利の種類	☑所有権　□地上権　□貸借権　借地面積　　　　　　　㎡			

(備考) 引き渡し時までに隣地所有者の立会を経て、資格者により実測図を作成します。実測図と登記面積に差異が生じた場合は、1㎡あたり○○円で精算します。

⇒ 実測面積で差異が生じた場合、精算方法の取決めがあることが分かる

(2) 建物

所　在	横浜市栄区笠間×丁目11番12号	住居表示	横浜市栄区笠間×丁目11番地12
家屋番号	11番12	種　類	居宅
構　造	木造スレート葺　2階建		
床面積 ☑登記簿 □現況	地階　㎡　・　1階 65.67㎡　・　2階 35.56㎡　・　3階　㎡		
	延床面積　101.23㎡		
建築年月	□昭和　☑平成　○年　○月　新築（　□昭和　□平成　年　月頃　□増築　□改築）		
(備考)			

⇒ 実測面積とは異なる場合がある

70

登記面積で表示されている場合は実測との差を確認

(1) 不動産の表示
①土地・建物

　サンプルでは、面積が登記面積で表示してあります。実測による場合は、実測面積が表示され測量図等が添付されます。

　登記面積は、建築基準法上の面積と必ずしも一致するとは限りません。登記面積で計算すると建ぺい率や容積率が適法なようでも、実測による敷地面積で計算すると違反となるケースもあるため注意が必要です。敷地面積は、建築確認済証等で確認しましょう。

　登記面積と実測面積の差は、売買金額にも影響します。取引は登記面積で行われることが多いので、この点を考慮する必要があるでしょう。なお、登記面積を変更するには周囲の所有者の立会などが必要となり、大変な手間を要します。

サンプル6-3

(3) 売主の表示

	☑ 登記所有者と同じ　　□ 登記所有者と異なる		
住　所	横浜市栄区笠間×-11-12	氏　名	鈴木　健太

(備考)

(4) 賃貸借等による第三者の占有　(□有　・　☑無)

賃貸仮契約 (土地・建物)	□無 □有	□平成 □令和　年　月　日付　賃貸借契約書に基づく…別添賃貸借契約書参照
明渡しの 有無	□有 □無	(令和　年　月　日　までに明渡し (賃貸借契約の引継ぎ)

(備考)

(5) 登記簿に記載された事項

土地（対象となるべき土地借地権の場合はその）	(甲区)権利部	所　有　者	住　所	横浜市栄区笠間×丁目11番地12
			氏　名	鈴木　健太
		所有権にかかる権利に関する事項	□ 有 ☑ 無	
	(乙区)権利部	所有権以外の権利に関する事項 ☑ 有 □ 無	抵当権設定　令和〇年〇月〇日　第12345号 債権額　　　金2,000万円 債務者　　　横浜市栄区笠間×丁目11番地12　　鈴木　健太 抵当権者　　東京都新宿区東新宿×丁目×番 　　　　　　現代保証サービス株式会社 共同担保　　目録（き）第6789号	
建物	(甲区)権利部	所　有　者	住　所	土地に同じ
			氏　名	
		所有権にかかる権利に関する事項	□ 有 ☑ 無	
	(乙区)権利部	所有権以外の権利に関する事項 ☑ 有 □ 無	土地に同じ	

登記名義人と売主が異なる場合は注意

抵当権等は引渡しまでに抹消が条件

②売主の表示と占有に関する事項

　登記名義人の住所・氏名、所有権に係る権利に関する事項（差押、仮処分、所有権移転仮登記等）の有無、所有権以外の権利に関する事項（地上権、賃借権、抵当権等）が記載されていますので、これらを登記事項証明書と突き合わせて確認します。

　登記名義人と売主が異なる場合や、所有権以外の権利関係がある場合は、物件の真の所有者に疑義が生じることもあります。また、差押登記、所有権移転仮登記、仮処分等は要注意マークです。第三者の権利関係や、地上権、賃借権、抵当権等は引渡しまでに抹消されることが条件となります。

サンプル6-4

2．法令に基づく制限の概要
（1）都市計画法・土地区画整理法に基づく制限

<table>
<tr><td rowspan="7">都市計画法</td><td colspan="2">都市計画区域　☑内　□外</td><td>制限の概要</td></tr>
<tr><td colspan="2">☑市街化区域</td><td>建築は原則可能ですが、建築できる建築物の具体的な内容は、定められた用途地域により建築基準法で規制されます。</td></tr>
<tr><td colspan="2">□市街化調整区域</td><td>「市街地を抑制すべき区域」とされており原則として一般住宅は建築することができません。</td></tr>
<tr><td colspan="2">□非線引区域</td><td>市街地区域・市街地調整区域に区分されていない区域。</td></tr>
<tr><td colspan="2">□準都市計画区域</td><td>これから市街化が見込まれる地域。土地利用には一定の規制があります。</td></tr>
<tr><td colspan="2">□その他</td><td></td></tr>
<tr><td>都市計画道路</td><td colspan="2">□有　（　□計画決定　□事業決定　名称　　　　）
☑無　（　年　月　日　告示　第　号　幅員　m）</td></tr>
<tr><td colspan="2">開発許可等</td><td>□有　許可等の種類
　　　　□許可番号　号（平成　年　月　日）
　　　　□検査済番号　号（平成　年　月　日）
☑無　□完了公告　号（平成　年　月　日）</td></tr>
<tr><td rowspan="4">土地区画整理法</td><td colspan="2">土地区画整理事業</td><td>計　画　□有　☑無　□施工中　名　称</td></tr>
<tr><td colspan="2">換地（予定）期日</td><td>仮換地指定　　　　□未　□済
換地処分の公告　□予定　□済　年　月　日</td></tr>
<tr><td colspan="2">清算金</td><td>□有　□無　（　）</td></tr>
<tr><td colspan="2">（備考）</td><td></td></tr>
</table>

- 仮換地の場合は換地図なども確認
- 「有」の場合は許可の内容を確認
- 「事業決定」の場合は建築が大幅に制限され流通性が劣る

(2) 法令に基づく制限の概要
①都市計画法、区画整理法
・区域区分

　前にも説明したように、市街化区域内であれば建物の建築に際して通常の建築確認申請を出すだけです。調整区域の場合には、開発許可の内容を確認し、一般の人が普通に建築できる許可であるかをチェックしましょう。一般の人が普通に建築できる許可とは、都市計画法34条11号（50戸連たん）、あるいは大規模開発による住宅団地内に建築するものが該当します。

・都市計画施設

　計画道路の予定がある土地は、それが計画決定段階か事業決定段階かで建物の建築について行政の対応が大きく違います。計画決定段階では、建物が一定の条件を満たせば、行政は建築の許可をしなければならないと定められています（都市計画法53条、54条）。階数が2階以下で地階がないこと、構造が木造、鉄骨造、コンクリート造などあまり堅固でないものという条件です。

　ただし、計画が事業決定し施行者が定められた場合、この条文は適用されなくなります（法57条の2）。したがって、建物を建てられないか（買取り請求はできる）、大幅に制限された条件となるでしょう。事業決定段階の場合、計画段階に比し流通性は大幅に劣りますし、購入動機も疑問のあるところです。

・仮換地

　土地区画整理事業が行われる際、その事業対象枠内の土地（従前地）に代わって換地（区画整理後の土地）を交付することを「換地処分」といいます。「仮換地」とは、この換地処分が行われる前に指定される仮の換地のことです。仮換地自体に権利の設定等はできず、換地処分が済むまで売買等権利の移転は従前地の登記で行われます。

　対象物件の敷地が仮換地の場合は、換地図、仮換地証明書等を確認しましょう。

サンプル6-5

（2）建築基準法に基づく制限

用途地域

- ☐ 第一種低層住居専用地域　☑ 第二種低層住居専用地域
- ☐ 第一種中高層住居専用地域　☐ 第二種中高層住居専用地域
- ☐ 第一種住居地域　☐ 第二種住居地域
- ☐ 準住居地域　☐ 近隣商業地域　☐ 商業地域　☐ 準工業地域
- ☐ 工業地域　☐ 工業専用地域　☐ 用途地域の指定なし

（制限の概要）

地域・地区・街区

特別用途地区　☐ 有　☑ 無

- ☐ 防災地域　☑ 準防災地域　☑ 第（1）種高度地区　☐ 高度利用地区
- ☐ 特定街区　☐ 美観地区　☐ 第（　）種風致地区　☐ 災害地域区域
- ☐ 地区計画区域　☐ 高層住宅地区　☐ 駐車場整備地区
- ☐ 都市再生特別地区

（制限の概要）

建築協定

建築面積の限度 （建ぺい率制度）	60　%
延床面積の限度 （容積率の制限）	100　%　但し、接面道路の幅員により左記容積率がさらに下記のとおり制限されます。 容積率 ＝ ［道路幅員］m × ／ 10 ＝ %
外壁後退・ 壁面積の制限	☐ 有　☑ 無
建物の高さの制限	☑ 道路斜線制限　☑ 隣地斜線制限　☑ 北側斜線制限 ☑ 絶対高さ　☐ 10m　☑ 12m ☑ 日影による中高層の建築物の制限（2）種
私道の変更又は 廃止の制限	☑ 有　☐ 無

（備考）
用途地域に関する都市計画により、建築物の敷地面積の最低限度が○○㎡と定められています。

- 基準を超過していないかどうか確認
- 中古物件は高さの制限などに注意
- 最低敷地面積が定められている場合は確認

②建築基準法
・用途地域、地域・地区・街区
　どんな建物が建てられるのか、どのような建築制限があるのかを確認しましょう。
・建ぺい率、容積率
　建ぺい率は、地域や建築物の種類により緩和措置もあるため、指定建ぺい率だけで判断しないようにします。容積率も、指定容積率の他に特別容積率や道路幅員による制限があります。
・建築物の高さの制限
　道路斜線制限、隣地斜線制限、北側斜線制限、絶対高さなどの制限があります。これらは、特に中古物件の申込に際して留意する必要があります。制限を見逃すと違反物件を担保とすることになるかもしれませんので、しっかり確認しましょう。
　最低敷地面積が定められている場合もあります。狭小の敷地を制限している市町村も少なくありません。条例や建築協定などによる制限にも注意が必要です。

サンプル6-6

(3) その他の法令に基づく制限

☐	1	古都保存法	☐	20	港湾法	☐	41	文化財保護法
☐	2	都市緑地法	☐	21	住宅地区改良法	☐	42	航空法
☐	3	生産緑地法	☐	22	公有地拡大推進法	☐	43	国土利用計画法
☐	4	特定空港周辺航空機騒音対策特別措置法	☑	23	農地法	☐	44	景観法
			☐	24	宅地造成等規制法	☐	45	廃棄物の処理及び清掃に関する法律
☐	5	土地区画整理法	☐	25	自然公園法			
☐	6	大都市住宅供給法	☐	26	都市公園法	☐	46	土壌汚染対策法
☐	7	地方都市整備法	☐	27	首都圏近郊緑地保全法	☐	47	都市再生特別措置法
☐	8	被災市街地復興特別措置法	☐	28	近畿圏整備法	☐	48	高齢者・障害者等の移動等の円滑化の促進に関する法律
☐	9	新住宅市街地開発法	☐	29	河川法			
☐	10	新都市基盤整備法	☐	30	特定都市河川浸水被害対策法	☐	49	東日本大震災復興特別区域法
☐	11	旧公共施設の整備に関する市街地の改造に関する法律	☐	31	海岸法	☐	50	都市の低炭素化の促進に関する法律
			☐	32	津波防災地域づくり法	☐	51	災害対策基本法
☐	12	首都圏近郊整備法	☐	33	砂防法	☐	52	大規模災害からの復興に関する法律
☐	13	近畿圏近郊整備法	☐	34	地すべり等防止法	☐	53	下水道法
☐	14	流通業務市街地整備法	☐	35	急傾斜地法	☐	54	マンションの建替え等の円滑化に関する法律
☐	15	都市再開発法	☐	36	土砂災害防止対策推進法			
☐	16	沿道整備法	☐	37	森林法	☐	55	地域再生法
☐	17	集落地域整備法	☐	38	道路法	☐	56	水防法
☐	18	密集市街地整備法	☐	39	全国新幹線鉄道整備法			
☐	19	歴史まちづくり法	☐	40	土地収用法			

制限の概要	23	農地法：
	詳細	農地法は、農地はその耕作者自らが所有することを最も適当であると認めて、耕作者の農地の取得を促進し、およびその権利を保護し、ならびに土地の農業上の効率的な利用を図るため、その利用関係を調整し、もって耕作者の地位の安定と農業生産力の増進とを図ることを目的としています。

法令にチェックがある場合はその制限の内容について確認

農地転用の場合は許可証等を確認

78

③その他の法令
　前述した以外にも、様々な法規制があります。適用がある場合には、その法令による許可や制限がどんなものかを調べましょう。代表的なものに、農地法に基づく農地転用許可制度があります。

・農地転用
　農地を農地以外（宅地）にすることを、「農地転用」といいます。4ヘクタール以下の場合は「都道府県知事許可」、4ヘクタールを超える場合は「農林水産大臣許可」、市街化区域内にある農地の転用は農業委員会への「届出」が必要です。 地目が農地の場合には、農地転用の許可あるいは届出書を確認します。

サンプル6-7

3．敷地と道路との関係

*法：建築基準法

	接道方向	公・私道の別	道路の種類	幅員	接道長さ
接面道路	南　側	☑ 公道 ☐ 私道	下記種類 1番	4.0m	16.8m
	東　側	☐ 公道 ☑ 私道	下記種類 3番	3.0m	10.0m
	側	☐ 公道 ☐ 私道	下記種類		
	道路位置指定道路			昭和　年　月　日　第　号	
	法43条1項但書の適用			☐ 有　☑ 無	

路地状敷地(敷地延長)の制限	☐ 有　☑ 無	
	路地状部分の長さ　m	路地状部分の幅員　m

道路の種類	1	(1) 道路法による道路 (2) 都市計画法、土地区画整理法、旧住宅造成事業法、都市再開発法、新都市基盤整備法、大都市地域における住宅地等の供給の促進に関する法律による道路 (3) 建築基準法第3章が適用されるに至った際、現に存在する道 (4) 道路法、都市計画法、土地区画整理法、都市再開発法、新都市基盤整備法、大都市地域における住宅地等の供給の促進に関する法律による新設変更の事業計画のある道路で2年以内にその事業が執行される予定のものとして特定行政庁が指定したもの
	2	土地を建築物の敷地として利用するため上記1の法によらないで道を築造しようとする者が特定行政庁から指定を受けたもの（位置指定道路）
	3	上記1の(3)に該当する道路のうち幅員が4m未満のもので特定行政庁が指定したもの（法42条2項道路）
	4	上記1～3に該当しない道路（建築確認不可）

敷地と道路との関係（概略図）

- 10m
- 3m
- 道路後退線（セットバックライン）
- 2m
- 法42条2項道路
- 16.8m
- 4m
- 公(市)道
- N

接面道路の状況をよく確認する

セットバック部分は敷地面積に含めることができない

(3) 敷地と道路との関係

　建築基準法43条により、建物の敷地は、原則として幅員4メートル（場合により6メートル）以上の建築基準法に定める道路に、2メートル以上接することが必要です。

　42条2項道路は幅員4メートル未満のため、道路の中心線から水平距離2メートル（場合によっては3メートル）のところを本来の敷地と道路の境界線とします（63ページ図表13参照）。境界線より道路側のセットバック部分を敷地面積に加えることはできません。この説明を見逃すと、実質的敷地面積を過大に評価することになります。

　大切なのは、敷地が法定道路に2メートル以上接すること、接面道路が42条2項道路の場合はセットバック分を考慮するのを忘れないことです。

サンプル6-8

4．私道負担等に関する事項			
私道負担等の有無		☑ (有) □ 無	
1．対象不動産に含まれる私道に関する負担等の内容			
負担面積	㎡ （持分　）		
負担金	円		
建築基準法42条2項等により後退（セットバック）する部分の面積　約 5.0 ㎡			
備考			
2．対象不動産に含まれない私道に関する事項			
所有名義人	住　所		
	氏　名		
備考 道路とみなされるセットバック部分は、建物の敷地として算入することができません。また、セットバック部分には建築物を建築することはもちろん門・塀等も築造することはできません。			

→ 私道の持分がない場合通行・掘削のための承諾書があることを確認

（4）私道負担に関する事項

　接する道路が公道でなく私道の場合、その私道部分の所有権は、①当該物件の所有者が持つ、②近隣住民等との共有（持分有り）、③一切負担なし（持分無し）に分かれます。

　前面道路が公道であれば誰でも通行できます。維持管理は役所の専管ですから、水道やガスの配管工事等で掘削の必要があれば直接役所へ申請して許可を得ます。一方、私道の場合は、所有者の承諾がないと役所も許可が出せません。

　敷地の所有者が私道の持分を有していれば問題ないでしょう。しかし全く持分がないと、その道路部分に使用収益権がないため、通行・掘削について所有権者から使用料等を要求されることがあります。こうした負担についても確認しましょう。

　これら私道負担は、業者が調査して記載する義務がありますから、記載がない場合には要求します。多くの場合、無償の使用承諾書が交わされているようです。

サンプル6-9

5．飲用水・ガス・電気の供給施設および排水施設の整備状況

	直ちに利用可能な施設	配管等の状況	整備予定・負担予定金
飲用水	☐ 水　道 （☑ 公営　☐ 私設） ☐ 井　戸	前面道路 ☑ 有 ☐ 無 □径 50mm 敷地内配管 ☑ 有 ☐ 無 □径 13 mm	☐ 有 ☑ 無 （平成　年　月頃） 円
ガ　ス	☐ 都市ガス　前面道路 ☐ 有 ☐ 無 □径　m／m ☑ プロパン（☐ 集中 ☑ 個別）敷地内配管 ☐ 有 ☐ 無 □径　m／m プロパンガスの宅地内配管設備等の所有権はプロパンガス販売業者に （　☑ 有 ☐ 無　）		☑ 有 ☐ 無 （平成　年　月頃） 未定
電　気	東京電力（株）		☐ 有 ☑ 無 （平成　年　月頃） 円
汚　水 雑排水	☑ 公共下水　☐ 浄化槽 （☐ 集中　☐ 個別） ☐ 汲取式	私設管利用有（備考3参照） 浄化槽施設の必要 ☐ 有 ☑ 無 ☐ 既設	☐ 有 ☑ 無 （平成　年　月頃） 円
雨　水	☑ 公共下水 ☐ 側溝等　☐ 浸透式	（浄化槽への雨水への流入はできません）	☐ 有 ☑ 無 （平成　年　月頃） 円
備　考		配管等の状況等の概略図	

1．水道管は現状13mm管で引き込まれており、建替え・増改築等を行う場合には容量不足により引き込み管の取替が必要となります。この場合の取替費用は買主負担となります。
2．ガスについては、平成○年○月頃、南側接面道路に都市ガス管が埋設される予定です。なお、負担金等については未定です。
3．汚水は敷地内汚水桝から私設管を経由して公共下水道に流入しています。

現在はプロパン個別だが、都市ガスの整備予定があることが分かる

配管設備が他人の敷地を利用する場合は覚書を交わすことが多い

（5）飲用水・電気・ガスの供給施設および排水施設の整備状況

　居住する人にとって重要な生活基盤である都市インフラの充実ぶりを示します。こうしたインフラ整備の状況には、意外と問題発生要因が潜んでいます。

　水道が公営・私営か井戸水かは見落としがちです。その配管設備は前面道路からなされているのか、私設管の整備や負担の問題はどうかなどを確認しましょう。ガスも同様です。特に、他人の敷地を利用して供給を受けている場合などは、その当事者同士の覚書が交わしてあるかを調査しましょう。

サンプル6-10

6．宅地造成または建物建築の工事完了時における形状・構造等（未完成の物件のとき）

本物件は未完成物件に	□ 該当します　（別添の資料をご参照ください）
	☑ 該当しません。

7．当該宅地建物が造成宅地防災区域内か否か

□ 造成宅地防災区域内	☑ 造成宅地防災区域外

8．当該宅地建物が土砂災害警戒区域内か否か

□ 土砂災害警戒区域内	☑ 土砂災害警戒区域外

9．アスベスト（石綿）使用調査の内容に関する事項

アスベスト（石綿）使用調査の記録の有無	☑ 有	□ 無
アスベスト（石綿）使用調査の内容等	調査の実施機関：○○株式会社 調査の範囲：別添、調査報告書を参照ください。 調査年月日：令和○年○月○日 石綿の使用：無	

10．耐震診断に関する事項

耐震診断の有無	☑ 有	□ 無
耐震診断の内容等	診断実施機関：○○一級建築士事務所 診断年月日　：令和○年○月○日 診断の結果　：別添、耐震診断結果評価書を参照ください。	

11．建物状況調査の結果の概要（既存の建物のとき）

建物状況調査の実施の有無	□ 有	☑ 無
建物状況調査の結果の概要		

※「有」の場合は住宅の性能が客観的に証明されている（「無」でも問題はない）

12．宅地建物の存在する区域

造成宅地防災区域	□ 内	☑ 外
土砂災害警戒区域・特別警戒区域	□ 内	☑ 外
津波災害警戒区域	□ 内	☑ 外

※津波災害警戒区域については、法施行後間もない制度であることから、現時点では未指定の状況であっても、今後当該区域として指定される可能性があります。

13．水防法に基づく水害ハザードマップにおける当該宅地建物の所在地（位置）

水害ハザードマップの有無	洪水	☑有	□ 無(照会先：　　市
	雨水出水（内水）	☑有	□ 無(照会先：　　市
	高潮	☑有	□ 無(照会先：　　市
水害ハザードマップにおける宅地建物の所在地	ハザードマップにおける当該建物所在地は別添のとおりです。		

（6）その他

　建物について、「石綿（アスベスト）使用調査」「耐震診断」の記録がある場合、業者はその内容を説明することになっています。ただし、業者がそれらの調査を義務付けられているわけではありません。

　住宅性能評価制度は、住宅品質確保法で創設されたもので、住宅の性能を客観的に証明する制度です。津波災害警戒区域は平成23年12月27日に施行された「津波防災地域づくりに関する法律」により追加されたもの、水防法に基づく水害ハザードマップにおける当該宅地建物の所在地は令和2年7月17日の宅建業法施行規則改正によるものです。

　重要事項説明書は、この後「取引条件に関する事項」が続きますが、売買契約書と重複する内容のため本項では省略します。

6 物件の確認書類③ 売買契約書

買主の立場になって不利な条件がないか確認する

不動産売買契約書は、売主と買主（住宅ローンの申込人）の合意内容を書面にしたものです。取引の様々な条件はこの書類に網羅されていますから、買主に不利な条件がないか、念入りにチェックしていきます。

売買契約書の主な項目は、次のとおりです。
・売買物件の表示
・売買代金、手付金等の額、支払日等
・契約条項
・売主および買主の署名押印

①売買目的物の表示

土地・建物の表示が、登記事項証明書と相違ないか確認します。

備考（特記事項）に何か書いていないかもよく見ます。中古住宅では、未登記の増築部分があり、登記内容が実態と相違しているケースもあります。

また、土地が仮換地・保留地の場合、換地証明書・換地図がなければ実際の敷地面積は確認できません。

仮換地とは、土地区画整理事業による換地処分が行われる前に指定される仮の換地であることは前に説明しました。区画整理事業は、その施行区域全体の面積は変わらない中で、道路の新設や拡幅、公共施設の整備などが行われるため、換地（整理後の土地）は従前地よりも狭くなります（これを減歩という）。保留地とは、この減歩によって新しくできた土地のうち、道路や公共用地にならず、事業費の一部に充てるために売却される土地を

サンプル7-1　売買契約書

不動産売買契約書

収入印紙

> 登記事項証明書の記載どおりか確認

(A) 売買の目的物の表示（登記簿の記録による）（第1条）

	所　在	地　番	地　目	地　積		持　分
土地	横浜市栄区笠間×丁目	11番12	宅地	123.11	㎡	
	同上	11番13	宅地	45.22	㎡	
					㎡	
					㎡	
					㎡	
	備考	合計2筆	土地面積合計	168.33	㎡	

土地に関する測量図

☑確定測量図	□　　年　月　日付 ☑引渡日までに測量する	※ 確定測量図とは、全ての隣地所有者の立会を得て境界確定されたもの（官有地に接する場合は、官民査定手続も経たもの）をいう。 ※ 現況測量図は、上記確定測量図以外のものをいう。 ※ 地積測量図は、分筆登記等の際に添付される測量図で、登記所に申請書類として保管されているものをいう。
□現況測量図	□　　年　月　日付 （隣地所有者立会い：□済・□未済） □引渡日までに測量する （隣地所有者立会い予定：□有・□無）	
□地積測量図	□　　年　月　日付	
□その他		

建物	所　在	横浜市栄区笠間×丁目11番12		家屋番号	11番12
	種　類	居宅	構　造	木造スレート葺2階建	
	床面積	1階 65.67 ㎡・ 2階 35.56 ㎡・ 階 ㎡			
	（その他）			延床面積	101.23 ㎡
	所　在			家屋番号	
	種　類		構　造		
	床面積	階 ㎡・ 階 ㎡		延床面積	㎡
	（その他）				
	備　考				

> 住宅ローンの申込金額との整合性を確認する

(B) 売買代金、手付金の額および支払日

			金額	
(B1) 売買代金総額（第1条）		金	39,800,000	円
土地代金 (b)				円
建物代金				円
（うち消費税額及び地方消費税額の合計額）				円
(B2) 手付金（第2条）	契約締結時支払い	金	2,000,000	円
(B3) 中間金（第5条）	第1回平成　年　月　日まで			円
	第2回平成　年　月　日まで			円
(B4) 残代金（第5条）	平成○年○月○日まで	金	37,800,000	円

89

サンプル7-2

※ 実測清算をする場合（C）（D）を記入。

実測清算をしない場合には、（C）（D）および第6条は該当しない（この場合には、後日実測面積と差異が生じても互いに異議を述べず、また、売買代金の増減を請求しないものとする）。

清算の面積の単位は、小数点第3位以下切捨てとする。

（C）土地の実測（第3条）（第6条）

実測清算の対象となる土地（契約時の算出面積をいずれかに記入）
（ 私道負担のない場合（ ＝公簿面積）　　　　　　　　　　　　　　　 ㎡（c））
（ 私道負担のある場合、それを除く有効宅地部分　　　　　　　　　　　 ㎡（c））

（D）土地代金清算の単価（第6条）

売買代金清算の場合の土地単価（第6条の単価（b）／（c））
1㎡あたり　金　　　　○○　　　　円

（E～H）その他約定事項

（E）所有権移転・引渡し・登記手続きの日 　　（第7条）（第8条）（第9条）（第16条）	売買代金全額受領日
（F）令和（　）年度公租・公課分担の起算日　　（第13条）	令和　　年　　月　　日
（G）手付解除の期限　　（第15条）	契約の日から　　月後 令和 ○年 ○月 ○日
（H）違約金の額（売買代金の 10 ％相当額）（第17条）	金　　　　　　　　円

（I）－1　融資利用の場合（第18条）

融資申込先	融資承認予定日	融　資　金　額
近代銀行 横須賀ローンセンター	令和○年○月○日まで	金 1 5 0 0 0 0 0 0 円
近代銀行 横須賀ローンセンター	令和○年○月○日まで	金 2 4 8 0 0 0 0 0 円
	令和　年　月　　日まで	円
	令和　年　月　　日まで	円
合　　　　計		円
融資未承認の場合の契約解除期限		令和 ○年 ○月 ○日

申込金額に問題がないか確認

（I）－2　（第18条）

買主自主ローンの場合の融資利用に必要な書類の最終提出日	令和　　年　　月　　日

（J）瑕疵担保責任（第19条）

瑕疵担保責任の有無及び期間	☑負担する（物件引渡し後 3ヵ月 間）・□負担しない

いいます。

　仮換地の権利移転等は従前地の登記でなされますが、分譲マンションでは、換地終了まで土地所有権の移転や抵当権の設定ができないこともあります。この場合、敷地への抵当権設定という住宅ローンの条件が未了のまま実行することになります。換地処分が完了するまでには相当の期間を要しますから、管理体制を万全にすることが重要です。

　また、保留地は従前地、すなわちもともとの登記がありませんから、換地が終了するまで権利の設定はできません。この場合も同様に、十分な管理体制が必要となります。こうした物件は取り上げない方針の金融機関もありますが、分譲業者のレベルに応じて対応しているようです。

契約解除期限とローンの申込日に注意する

②売買代金、手付金等の額、支払日等

　売買代金と、ローン申込書の所要資金に整合性があるかを確認します。手付金の有無や、その支払時期もチェックしましょう。

③土地の実測清算

　登記面積が実測面積と必ずしも一致しないことは前述のとおりです。実測の結果、面積に相違が生じた場合は、その差に応じて売買代金を清算することがあります。清算方法等が明記してあるかを確認しましょう。

④所有権の移転と引渡し

　最終代金支払時期と、物件の引渡し時期が一致していることを確認します。引渡し時期と最終代金支払時期が開いている場合は、その理由が買主の占有を妨げるものでないこと、契約に別の条件がないことを確認します。後日のトラブルを防止しなければなりません。

⑤融資の利用

　売買代金に比して融資金額に問題はないか、金額は申込書と一致しているか、金融機関名は明記してあるかなどを確認します。

　融資未承認の場合の契約解除期限がローンの申込日とあまりに近い場合には、注意が必要です。

サンプル7-3

不動産売買契約条項

(売買の目的物および売買代金)
第1条 売主は、標記の物件(A)(以下「本物件」という。)を標記の代金(B1)をもって買主に売渡し、買主はこれを買受けた。

(手付)
第2条 買主は、売主に手付として、この契約締結と同時に標記の金額(B2)を支払う。
2 手付金は、残代金支払いのときに、売買代金の一部に充当する。

(測量図の引渡しおよび境界の明示)
第3条 売主は、その責任と負担において標記の土地(A)について(A)記載の測量図を本物件引渡しのときまでに買主に交付する。
2 売主は、買主に本物件引渡しのときまでに、前項の測量図に基づく隣地との境界を現地において明示する。

(地積更正登記)
第4条 前条第1項の測量図の面積と登記簿記録の面積との間に相違が生じても、売主は、地積更正登記の責を負わないものとする。

(売買代金の支払時期およびその方法)
第5条 買主は、売主に売買代金を標記の期日(B3)、(B4)までに支払う。

(売買代金の清算)
第6条 売買代金について実測清算を行う場合において、土地については、実測面積と標記の面積(C)が異なる場合には、その異なる面積に1㎡あたり標記の単価(D)を乗じた額を残代金支払時に清算する。
2 売買代金について実測清算を行う場合においても、建物については、実測による売買代金の清算を行わないものとする。

(所有権移転の時期)
第7条 本物件の所有権は、買主が売買代金の全額を支払い、売主がこれを受領したときに、売主から買主に移転する。

(引渡し)
第8条 売主は、買主に本物件を売買代金の受領と同時に引渡す。物件状況確認書(表1)」のうち「有」と記したものを、本引渡す。

(所有権移転登記の申請)
第9条 売主は、売買代金全額の受領と同時に、買主または買主が指定する者の名義にするために、本物件の所有権移転登記申請手続きをしなければならない。
2 所有権移転登記の申請手続きに要する費用は、買主の負担とする。

> 通常は引渡しと同時に所有権が移転する

ついては、瑕疵担保責任を負わないものとする。

の時期までに、抵当権等の担保権および賃借権等の用益権そ
行使を阻害する一切の負担を消除する。

第12条 この契約書に貼付する収入印紙は、売主・買主が平等に負担するものとする。

(公租・公課の負担)
第13条 本物件に対して賦課される公租・公課は、引渡日の前日までの分を売主が、引渡日以降の分を買主が、それぞれ負担する。
2 公租・公課納付分担の起算日は、標記の期日(F)とする。
3 公租・公課の分担金の清算は、残代金支払時に行う。

(収益の帰属・負担金の分担)
第14条 本物件から生ずる収益の帰属および各種負担金の分担については、前条第1項および第3項を準用する。

(手付解除)
第15条 売主は、買主に受領済の手付金の倍額を支払い、また買主は、売主に支払済の手付金を放棄して、それぞれこの契約を解除することができる。
2 前項による解除は、相手方がこの契約の履行に着手したとき、または標記の期限(G)を経過したとき以降は、できないものとする。

(引渡前の滅失・毀損)
第16条 本物件の引渡前に、天災地変その他売主または買主のいずれの責にも帰することのできない事由によって本物件が滅失したときは、買主は、この契約を解除することができる。
2 本物件の引渡前に、前項の事由によって本物件が毀損したときは、売主は、本物件を修復して買主に引渡すものとする。この場合、売主の誠実な修復行為によって引渡しが標記の期日(E)を超えても、買主は、売主に対し、その引渡延期について異議を述べることはできない。
3 売主は、前項の修復が著しく困難なとき、または過大な費用を要するときは、この契約を解除することができるものとし、買主は、本物件の毀損により契約の目的が達せられないときは、この契約を解除することができる。
4 第1項または前項によってこの契約が解除された場合、売主は、受領済の金員を無利息で遅滞なく買主に返還しなければならない。

第2章 担保物件の確認と資料の見方

（契約違反による解除）
第17条 売主または買主がこの契約に定める債務を履行しないとき、その相手方は、自己の債務の履行を提供し、かつ、相当の期間を定めて催告したうえ、この契約を解除することができる。
2. 前項の契約解除に伴う損害賠償は、標記の違約金（H）によるものとする。
3. 違約金の支払いは、次のとおり、遅滞なくこれを行う。
   ①売主の債務不履行により買主が解除したときは、売主は、受領済の金員に違約金を付加して買主に支払う。
   ②買主の債務不履行により売主が解除したときは、売主は、受領済の金員から違約金を控除した残額をすみやかに無利息で買主に返還する。この場合において、違約金の額が支払済の金員を上回るときは、買主は、売主にその差額を支払うものとする。
4. 買主が本物件の所有権移転登記を受け、または本物件の引渡しを受けているときは、前項の支払いを受けるのと引換えに、その登記の抹消登記手続き、または本物件の返還をしなければならない。

（融資利用の場合）
第18条 買主は、この契約締結後すみやかに、標記の融資（I）－1のために必要な書類を揃え、その申込手続きをしなければならない。
2. 標記の融資未承認の場合の契約解除期限（I）－1までに、前項の融資の全部または一部について承認を得られないとき、また、金融機関の審査中に標記の融資未承認の場合の契約解除期限（I）－1が経過した場合には、本売買契約は自動的に解除となる。
3. 前項によってこの契約が解除された場合、売主は、受領済の金員を無利息で遅滞なく買主に返還しなければならない。同時に本物件の売買を媒介した宅地建物取引業者も受領済の報酬をそれぞれ売主・買主に無利息にて返還しなければならない。
4. 買主自主ローンの場合、買主は、融資利用に必要な書類を標記（I）－2までに金融機関等に提出し、その提出書類の写しを売主に提出しなければならない。買主が、必要な手続きをせず提出期限が経過し、売主が必要な催告をしたのち標記の融資未承認の場合の契約解除期限（I）－1が過ぎた場合あるいは、故意に虚偽の証明書等を提出し無事融資の全部又は一部について承認を得られなかった場合には、第2項の規定は適用されないものとする。

（契約不適合責任）
第19条 売主は、買主に対し、引渡された本物件が種類または品質に関して契約の内容に適合しないもの（以下「契約不適合」といいます。）であるときは、責任を負うものとし、買主は、売主に対し、次のとおり請求することができる。
（1）買主は、売主に対し、本物件の修補を請求することができる。ただし、売主は、買主に

ないときは、買主が請求した方法と異なる方法による修補
、売主に対し、相当の期間を定めて修補の催告をし、その
、買主はその不適合の程度に応じて代金の減額を請求する
が買主に催告しても修補を受ける見込みがないことが明
ることなく直ちに代金の減額を請求することができる。

維持または管理の必要上定められた規約等に基づく売主の権利・義務を承継させ、買主はこれを承継する。

（協議事項）
第21条 この契約に定めがない事項、またはこの契約条項に解釈上疑義を生じた事項については、民法その他関係法規および不動産取引の慣行に従い、売主および買主が、誠意をもって協議し、定めるものとする。

（訴訟管轄）
第22条 この契約に関する訴訟の管轄裁判所を本物件所在地の管轄裁判所と定めるものとする。

（特約条項）
第23条 別記特約条項のとおりとする。

特約条項
売主は、本契約書第19条の定めにかかわらず、建物老朽化のため、本物件建物の隠れたる瑕疵につき、一切の担保責任を負わないものとします。なお、ごみその他特に定めのない不要な家具物品等はすべて売主にて処分するものとします。

特約条項には買主に不利なことが書かれていないかを確認

93

サンプル7-4

下記売主と下記買主は標記の物件の売買契約を締結し、この契約を証するため契約書2通を作成、売主および買主が署名押印のうえ各自その1通を保有する。

令和　○年　○月　○日

<売　主>　住　所　神奈川県横浜市栄区笠間×-×-×

　　　　　氏　名　鈴木　健太　　　　　　　　　　　　　　㊞

　　　　　住　所

　　　　　氏　名　　　　　　　　　　　　　　　　　　　　㊞

<買　主>　住　所　東京都中野区新井○-○-○

　　　　　氏　名　佐藤　大輔　　　　　　　　　　　　　　㊞

　　　　　住　所

　　　　　氏　名　　　　　　　　　　　　　　　　　　　　㊞

> 売主・買主双方の署名捺印を確認

この契約書は、宅地建物取引業法第37条に定められている書面を兼ねています。

<媒介業者>

(免許証番号) 国土交通大臣免許(10)第12××号
(所 在 地) 東京都新宿区西新宿×-×-×
(商　　号) キンダイ不動産販売株式会社
(代 表 者) 高橋　誠　　㊞
(電　　話) 03-1234-××××
(F A X) 03-1234-××○○

<取引主任者>

(登録番号) 神奈川県知事登録第0123××号
(氏　　名) 伊藤　拓也　㊞

<媒介業者>

(免許証番号) 神奈川県知事(10)第34××号
(所 在 地) 神奈川県横浜市栄区○○×-×-×
(商　　号) 株式会社近代住宅センター
(代 表 者) 田中　直樹　㊞
(電　　話) 045-5678-××××
(F A X) 045-5678-××○○

<取引主任者>

(登録番号) 神奈川県知事登録第4567××号
(氏　　名) 山木　祐介　㊞

⑥売主および買主の署名押印

売主・買主の署名押印は契約書の最終ページにありますが、ここは最初に確認したほうがいいでしょう。

まず、売主の住所・氏名が登記事項証明書の所有者と合っているかを確認します。この際、売主がすでに当該物件から転居しており、住所が登記事項証明書と相違していることは少なくありません。法務局で所定の手続きをし、変更登記を確認したうえで取引することになります。

一方、現在の売主が真実の売主であるものの、前回の所有権移転登記がなされておらず、売主と登記事項証明書上の所有者が異なる「中間省略」もあります。この場合は、現売主と前の売主との売買契約書を提出してもらい、念のため前の売主の意思を確認することが必要になります。

次に、買主の住所・氏名がローン申込書の記載と合っているかを確認します。ローンの申込人は息子なのに、買主が父親など、買主と申込人が相違することもあります。法律行為は本人の意思に基づくものですから、こうしたケースでは事情をしっかり確認します。住宅ローンは、借入人本人が所有し、本人または家族が居住する住宅の取得資金を対象としますから、申込人と購入後の所有者が一致することが大前提です。

⑦その他

解約、損害賠償、違約金の取り決めなどが明記されているか、近隣との関係について越境や境界問題などがきちんと説明してあるか、事件や事故などの経歴の有無が書いてあるか、特約欄には何が書かれているのかなど、買主に不利なものはないかよく確認しましょう。

7 物件の確認書類④ 登記事項証明書

提出してもらうのは全部事項証明書

　土地や建物などの不動産は、その１つひとつについて、所在や広さといった「物理的現況に関する情報」と、所有者などの「権利に関する情報」が、法務局で管理するコンピュータに記録（登記）されています。登記事項証明書とは、この記録事項を証明する書類のことで、記録事項のすべてを証明したものを「全部事項証明書」、一部を証明したものを「一部事項証明書」といいます。

　なお、登記記録をコンピュータで管理するようになったのは最近で、従前は紙の帳簿である「登記簿」に記載されていました。この登記簿に記録された事項のすべてをコピーしたものを登記簿謄本、一部をコピーしたものを抄本といいます。コンピュータで管理されるようになった現在でも、登記事項証明書と登記簿、全部事項証明書と謄本、一部事項証明書と抄本は同義で使われています。

　登記事項証明書は、不動産の概要を表示する「表題部」と、所有者等の情報を表示する「権利部」から成ります。権利部はさらに、所有権に関する事項が記載される「甲区」と、所有権以外の権利に関する事項が記載される「乙区」に分かれます。また、マンションや連棟式建物、長屋等の区分所有建物の場合は、表題部が１棟の建物全体の表示と、専有部分の表示に分かれています。

①表題部
　土地の場合、表題部には地番、地目、地積等が表示され、地目変更や分筆・合筆などによる地番や地積の変遷履歴が分かります。

サンプル8-1　土地の全部事項証明書

表　題　部 （土地の表示）		調製	余白	不動産番号	0123×××
地図番号	余白	筆界特定	余白		
所　　在	神奈川県横浜市栄区笠間×丁目				
①地　番	②地　目	③地　積	㎡	原因及びその日付〔登記の日付〕	
11番12	田	168	33		
	宅地			②地目変更〔令和×年×月×日〕	
		123	11	①11番12、11番13に分筆〔平成×年×	

> 地目や地積について他の書類との整合性を確認

権　利　部　（甲区）	(所有権に関する事項)		
順位番号	登記の目的	受付年月日・受付番号	権利者その他の事項
1	所有権保存	令和×年×月×日 第13××号	所有者　横浜市栄区笠間×丁目11番地12 　　　　鈴木健太

権　利　部　（乙区）	(所有権以外の権利に関する事項)		
順位番号	登記の目的	受付年月日・受付番号	権利者その他の事項
1	抵当権設定	令和×年×月×日 第11××	原因　令和×年×月×日金銭消費貸借同日設定 債権額　金2,000万円 債務者　横浜市栄区笠間×丁目11番12号 　　　　鈴木健太 抵当権者　新宿区東新宿×丁目×番地 　　　　　現代保証サービス株式会社 共同担保　目録（き）6789号

> 抵当権設定などはここに記載される

共　同　担　保　目　録					
記号及び番号	（き）6789号			調整	令和×年×月×日
番　号	担保の目的である権利の表示		順位番号	予　備	
1	横浜市栄区笠間×丁目11番12号の土地		1	余白	
2	横浜市栄区笠間×丁目11番12号 家屋番号11番12の建物		1	余白	

これは登記記録に記録されている事項の全部を証明した書面である
令和×年×月×日
　○○法務局○○出張所

登記官　○

> 売買契約と一致することを確認（別の私道持分や共有地がある場合もある）

サンプル8-2　建物の全部事項証明書

表　題　部（建物の表示）			調製	余白	不動産番号	4567××××
所在図番号	余白					
所　在	神奈川県横浜市栄区笠間×丁目11番12号					
家屋番号	11番12					
①種　類	②構　造	③床面積　　㎡		原因及びその日付〔登記の日付〕		
居宅	木造スレート葺2階建	1階　　65　　67　　　　　　　　　　2階　　35　　56		令和×年×月×日新築〔平成×年×月×日〕		

権　利　部（甲区）（所有権に関する事項）			
順位番号	登記の目的	受付年月日・受付番号	権利者その他の事項
1	所有権保存	令和×年×月×日 第24××号	所有者　横浜市栄区笠間×丁目11番地12 　　　　鈴木健太

> 床面積などについて他の書類との整合性を確認

権　利　部（乙区）（所有権以外の権利に関する事項）			
順位番号	登記の目的	受付年月日・受付番号	権利者その他の事項
1	抵当権設定	令和×年×月×日 第82××	原因　平成×年×月×日金銭消費貸借同日設定 債権額　金2,000万円 債務者　横浜市栄区笠間×丁目11番12号 　　　　鈴木健太 抵当権者　新宿区東新宿×丁目×番地 　　　　　現代保証サービス株式会社 共同担保　目録（き）6789号

> 居宅なのか兼用住宅なのか種類を確認

共　同　担　保　目　録				
記号及び番号	（き）6789号		調整	令和×年×月×日
番　号	担保の目的である権利の表示	順位番号		予　備
1	横浜市栄区笠間×丁目11番12号の土地	1		余白
2	横浜市栄区笠間×丁目11番12号 家屋番号11番12の建物	1		余白

これは登記記録に記録されている事項の全部を証明した書面である

令和×年×月×日

○○法務局○○出張所　　　　　　　　　　　登記官　　○山×郎　　㊞

建物の場合は、その種類（居宅、共同住宅、事務所、倉庫等）、構造、床面積などが確認できます。

建物の地番に添え書きで「換地」の表示がある時は、その建物の敷地が仮換地に指定されていることを意味します。前に説明したように、仮換地の登記は従前地でなされるため、この敷地の登記事項は従前地のものになります。しかし、実際の敷地面積は換地後の面積ですから、建ぺい率や容積率の基準となるのは換地後の面積です。換地証明書、換地図を必ず確認しましょう。

②権利部・甲区

甲区には、所有権に関する事項が表示され、所有者の変遷や、所有権が移転した原因のほか、差押や仮処分などの紛争に係る事項についても確認できます。

所有権が頻繁に移転している場合や、所有権移転の原因が売買や相続ではなく、「真正な登記名義の回復」「錯誤によるもの」「共有物分割」といった異例なものの場合は、登記上の所有者の権利に疑義がないことを確認する必要があります。住宅ローンの対象となる今回の売買と、異例な権利変動の時期が近い場合は特に注意しましょう。登記上の所有者が裁判などでその権利を否定されると、金融機関の抵当権も無効になります。これは、わが国では登記に公信力を認めていないためです。

一方で、「登記には第三者対抗要件がある」といいますが、これは二重売買などで1つの土地に2人の所有者が存在することになった場合に、登記をしているほうが優先するということです。

③権利部・乙区

乙区には、抵当権、地上権、賃借権など、所有権以外の第三者の権利に関する事項が表示されます。住宅ローン実行時（抵当権設定時）には、原則これらの権利が存在しない（抹消されている）ことが条件になります。

ここに、金融機関ではない個人や会社の権利が設定されている場合、現在の所有者（売主）が金銭問題を抱えているかもしれません。買主（住宅ローンの申込人）との関連性など、十分に調べる必要があります。

8 物件の確認書類⑤ 工事請負契約書

完成リスクを負う分割融資は極力避ける

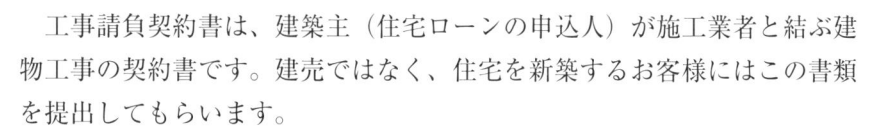

　工事請負契約書は、建築主（住宅ローンの申込人）が施工業者と結ぶ建物工事の契約書です。建売ではなく、住宅を新築するお客様にはこの書類を提出してもらいます。

　工事請負契約書の様式は、表紙、契約書（サンプル９）、約款、設計図面、工事仕様書、代金内訳明細等から成ります。契約書の主な記載内容は、以下のとおりです。
・工事場所
・工期（着工から完成までの期間）
・引渡時期
・請負代金
・請負代金の支払方法

　まず、工事面積と請負代金から１平方メートルあたりの工事単価を算出し、その単価が水準的にどうなのかチェックします。

　住宅ローンは、完成引渡時の一括融資が基本ですが、建築資金の支払いは通常、契約時、中間時、完成引渡時の３回となります。完成前に融資する必要がある場合、金融機関もお客様とともに完成リスクを負うことになるため、業者の信用力、お客様の資力等を十分勘案して判断します。先行融資は極力避け、完成引渡時を条件とするのが望ましいでしょう。

　本契約とは別の工事が予定されており、「別途契約の必要がある」という記載がある場合は、その資金調達方法についてもお客様から聞き取る必要があります。

第2章　担保物件の確認と資料の見方

サンプル9　工事請負契約書

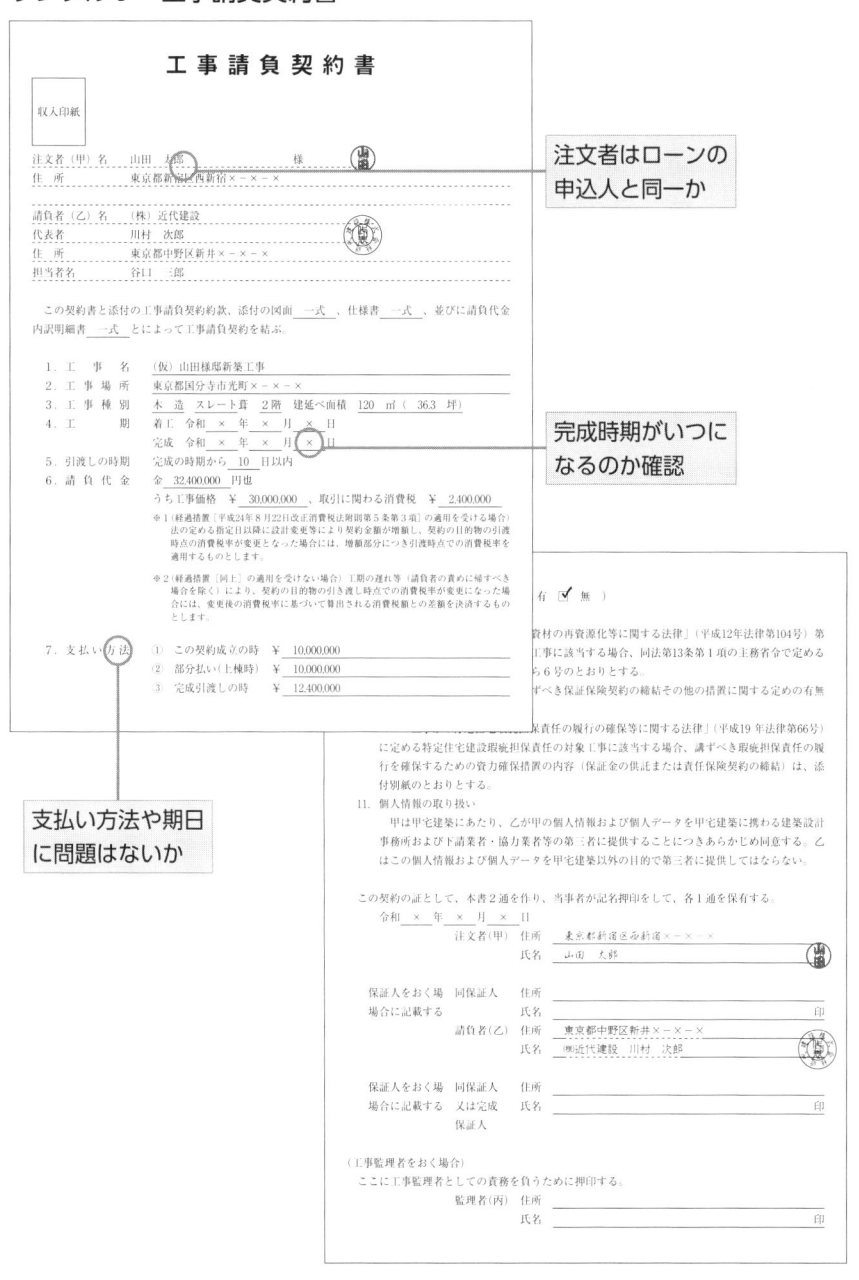

工事請負契約書

収入印紙

注文者(甲)名　山田 太郎　様　㊞
住　所　東京都新宿区西新宿×-×-×

請負者(乙)名　(株)近代建設
代表者　川村 次郎　㊞
住　所　東京都中野区新井×-×-×
担当者名　谷口 三郎

この契約書と添付の工事請負契約約款、添付の図面 一式 、仕様書 一式 、並びに請負代金内訳明細書 一式 とによって工事請負契約を結ぶ。

1. 工　事　名　(仮)山田様邸新築工事
2. 工事場所　東京都国分寺市光町×-×-×
3. 工事種別　木造 スレート葺 2階 建延べ面積 120 ㎡ (36.3 坪)
4. 工　　期　着工　令和　×年　×月　×日
　　　　　　　完成　令和　×年　×月　×日
5. 引渡しの時期　完成の時期から　10 日以内
6. 請負代金　金 32,400,000 円也
　　うち工事価格　¥ 30,000,000 、取引に関わる消費税　¥ 2,400,000

※1 経過措置〔平成24年8月22日改正消費税法附則第5条第3項〕の適用を受ける場合　法の定める指定日以降に設計変更等により契約金額が増額し、契約の目的物の引渡時点の消費税率が変更となった場合には、増額部分につき引渡時点での消費税率を適用するものとします。

※2 経過措置〔同上〕の適用を受けない場合 工期の遅れ等（請負者の責めに帰すべき場合を除く）により、契約の目的物の引き渡し時点での消費税率が変更になった場合には、変更後の消費税率に基づいて算出される消費税額との差額を決済するものとします。

7. 支払い方法　① この契約成立の時　¥ 10,000,000
　　　　　　　② 部分払い(上棟時)　¥ 10,000,000
　　　　　　　③ 完成引渡しの時　　¥ 12,400,000

　　　　　　　　　　　　　　　　　有 ☑無

資材の再資源化等に関する法律」(平成12年法律第104号)第
工事に該当する場合、同法第13条第1項の主務省令で定める
ら6号のとおりとする。

べき保証保険契約の締結その他の措置に関する定めの有無

保責任の履行の確保等に関する法律」(平成19年法律第66号)
に定める特定住宅建設瑕疵担保責任の対象工事に該当する場合、講ずべき瑕疵担保責任の履行を確保するための資力確保措置の内容（保証金の供託または責任保険契約の締結）は、添付別紙のとおりとする。

11. 個人情報の取り扱い
　　甲は甲宅建築にあたり、乙が甲の個人情報および個人データを甲宅建築に携わる建築設計事務所および下請業者・協力業者等の第三者に提供することにつきあらかじめ同意する。乙はこの個人情報および個人データを甲宅建築以外の目的で第三者に提供してはならない。

この契約の証として、本書2通を作り、当事者が記名押印をして、各1通を保有する。
　　令和　×年　×月　×日
　　　　　注文者(甲)　住所　東京都新宿区西新宿×-×-×
　　　　　　　　　　　氏名　山田 太郎　㊞

　　　保証人をおく場　同保証人　住所
　　　合に記載する　　　　　　　氏名　　　　　　　　　　　印

　　　　　請負者(乙)　住所　東京都中野区新井×-×-×
　　　　　　　　　　　氏名　㈱近代建設 川村 次郎　㊞

　　　保証人をおく場　同保証人　住所
　　　合に記載する　　又は完成　氏名　　　　　　　　　　　印
　　　　　　　　　　　保証人

（工事監理者をおく場合）
　　ここに工事監理者としての責務を負うために押印する。
　　　　　監理者(内)　住所
　　　　　　　　　　　氏名　　　　　　　　　　　　　　　印

注記：
- **注文者はローンの申込人と同一か**
- **完成時期がいつになるのか確認**
- **支払い方法や期日に問題はないか**

101

9 物件の確認書類⑥ 工事見積書

一式表示の設備関係費や諸費用に注意する

　工事業者は、工事請負契約を締結する前に、お客様に対して見積書を提示します。最近では、施主（お客様）が複数の業者に競争入札のような形式で見積りを依頼することも多いようです。

　新築住宅の場合、住宅ローンの相談段階ではまだ契約に至っておらず、見積書だけを提出されるケースが少なくありません。お客様としては、住宅ローンがいくらくらい借りられるのか把握しておきたいわけです。金融機関としても、内容を確認し、適正な見積りなのかを判断する必要があります。

　見積書には、本体工事、設備工事、付帯工事に関する内容が記載されています。

　本体工事については、工事面積と比較して、金額が異常に高かったり、低かったりしないかをチェックします。金額に疑義がある場合には、材料についてヒアリングしましょう。

　最近は、システムキッチンや床暖房などを備える住宅が増加傾向にあるため、設備関係の費用が高額になりつつあります。しかし、設備関係費が一式で表示されていると、その内容がわかりません。内訳明細がなく一式表示されている場合は、具体的な内容をお客様に確認しましょう。

　その他、工費総額の10％を超える金額が諸経費として計上されている場合には、別の業者に丸投げしている可能性があるため注意が必要です。

　見積書の内容を精査することは、不適切な案件を受け付けてしまうことの防止にもつながります。

サンプル10　工事見積書

```
20＊＊年＊月＊日
No.001311
```

御 見 積 書

山田 太郎様

下記の通りお見積り申し上げます。

御見積金額	¥	33,000,000
工事代金	¥	30,000,000
消費税	¥	3,000,000

件　　名：(仮) 山田様邸新築工事　　　　株式会社近代建設
工事場所：東京都国分寺市光町×－×－×　東京都中野区新井×－×－×
工　　期：請負契約書による　　　　　　　ＴＥＬ：03-6866-＊＊＊＊
支払条件：請負契約書による　　　　　　　ＦＡＸ：03-6866-＊＊＊＊
有効期限：20＊＊年＊月＊日
担 当 者：谷口三郎

> 工事内容に対して異様に高い金額のものはないか

No.	工事名称	数量単位	金額 (円)
01	仮設工事	一式	1,100,000
02	基礎工事	一式	2,300,000
03	木工事	一式	6,600,000
04	建材工事	一式	3,200,000
05	屋根工事	一式	800,000
06	板金工事	一式	500,000
07	外装工事	一式	2,100,000
08	左官工事	一式	500,000
09	塗装・防水工事	一式	450,000
10	石・タイル工事	一式	350,000
11	内装工事	一式	800,000
12	金属製建具工事	一式	2,200,000
13	木製建具工事	一式	1,100,000
14	雑工事	一式	600,000
15	住宅設備工事	一式	2,400,000
16	電気工事	一式	1,300,000
17	給排水設備工事		1,050,000
18	諸経費		2,150,000
	(小計)		29,500,000
19	別途工事		500,000
	工事費合計		30,000,000

※次頁以降各工事の内訳明細

> 諸経費が工事全体の10％を超えていないかどうか確認

10 物件の確認書類⑦ 公図

道路に地番が入っている場合は所有者を確認

　法務局では、土地の形状や境界を確認するための図面として、地図等（いわゆる公図）を備えています。

　不動産登記法14条1項は、「登記所には、地図及び建物所在図を備え付けるものとする」と定めているのですが、同法で規定する地図の作成はあまり進んでいません。同条4項には「地図が備え付けられるまでの間、これに代えて地図に準ずる図面を備え付けることができる」とあり、「公図」とは、この地図に準ずる図面の1つです。

　登記事項証明書に表示してある土地はどんな形で、道路にはどう接しているか、隣地の地番は何番か、方位はどうかということは、公図を見ないと分かりません。住宅地図だけでは分からないことが多いのです。

　公図のチェックにおいて一番重要なのは、道路の確認です。敷地が法定道路に接しているか、接しているのは公道か私道か、ということを見ます。地番が入ってない、あるいは「道」と記載のある場合は公道と考えて間違いないですが、地番が入っている場合は、私道の可能性があります（地番が入っていても、開発道路等で道路法の供用開始告示を受け、「道路法上の道路」になっている場合もある）。

　したがって、接面道路に地番が入っている場合は、その地番の登記事項証明書を取って、所有者を確認する必要があります。敷地の所有者が持分を有している場合は問題ないのですが、持分がない場合は、通行や掘削について道路の所有者から使用料等を要求されるケースがあります（83ページ参照）。

間口狭小物件等は担保評価が下がる

　道路の種類や、接道の状況にも注意が必要です。次のような場合は、重要事項説明書や建築確認済証などと合わせて確認を行いましょう。

①接面道路の間口が狭い

　図表14のような土地（旗竿地と言う）は、建築基準法上の道路に路地状の通路によって接道していますが、接道幅が狭小なため車の出入りが困難で、通りから奥へ入っているので周りを家に囲まれ日照や眺望で劣り、間口の広い道路に比べて流通価格ではかなり安くなります。自治体によっては、安全確保のために建物の構造、容積、高さなどに規制があります。

図表14　旗竿地

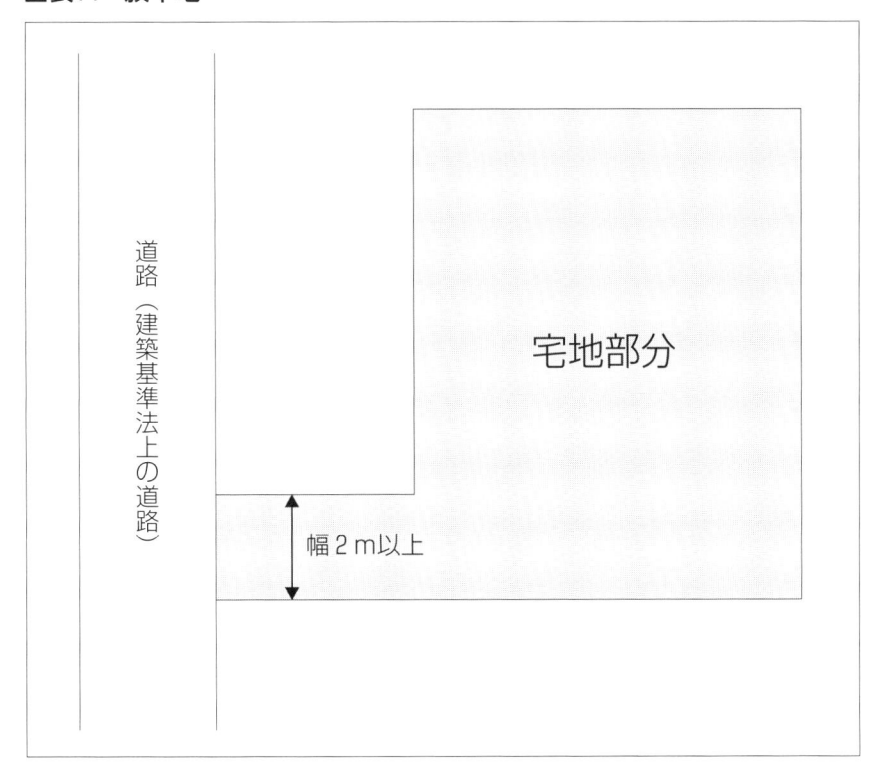

（道路（建築基準法上の道路）／宅地部分／幅2m以上）

②道路側の細い土地が分筆されている

　42条2項道路で、セットバックしている可能性があります。この場合、建ぺい率や容積率の算出にあたり、セットバック部分を敷地面積に参入することはできません。

③道路と思われる細い土地が1筆ではない

　複数の細い土地によって接道条件を満たしていることが考えられ、各土地の所有者を登記で確認することが必要です。他人の所有者がいる場合、敷地はその通路に関して43条但し書きによる建築許可を受けていることもありますので、役所での調査が必要です。

④道路との間に「水」の記載がある

　側溝か水路かを確認します。側溝（どぶ）の場合は道路の一部と見なされるため、接道要件に問題はありませんが、水路の場合は、その使用について、行政庁の「占用許可」が必要です。

⑤接面道路が行き止まりになっている

　多くは位置指定道路となっているはずですが、法定道路でない場合もあるため、注意が必要です。また、通り抜けができず利便性が低いので、担保としての評価は下がります。

サンプル11　公図

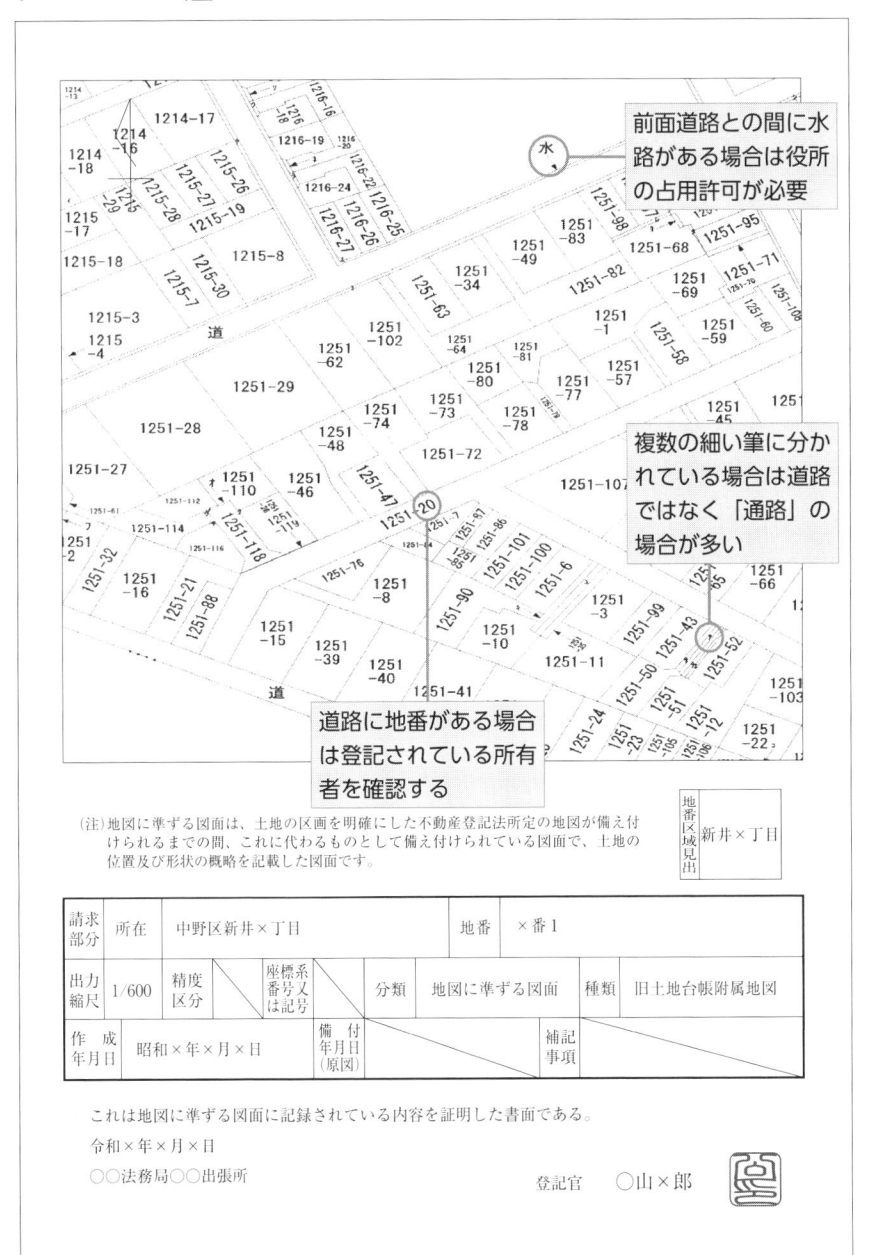

前面道路との間に水路がある場合は役所の占用許可が必要

複数の細い筆に分かれている場合は道路ではなく「通路」の場合が多い

道路に地番がある場合は登記されている所有者を確認する

(注) 地図に準ずる図面は、土地の区画を明確にした不動産登記法所定の地図が備え付けられるまでの間、これに代わるものとして備え付けられている図面で、土地の位置及び形状の概略を記載した図面です。

| 地番区域見出 | 新井×丁目 |

請求部分	所在	中野区新井×丁目			地番	×番1
出力縮尺	1/600	精度区分	座標系番号又は記号	分類	地図に準ずる図面	種類	旧土地台帳附属地図
作成年月日	昭和×年×月×日		備付年月日(原図)			補記事項	

これは地図に準ずる図面に記録されている内容を証明した書面である。
令和×年×月×日
　　○○法務局○○出張所
　　　　　　　　　　　　　　　　　　　　登記官　　○山×郎

11 物件の確認書類⑧ 住宅地図

周辺施設や環境等を現地と合わせて把握する

　住宅地図や案内図は物件の確定に必要なものですが、よく見ると様々な情報を得ることができます。

　どんな道路に面しているか、周辺にはどのような施設があるのか、また、線路や川、崖、高圧線などがあれば、位置関係を確認しましょう。崖や高圧線などは担保評価にも影響しますので、現地確認も行って確認します。

　崖崩れまたは土砂の流出を生ずるおそれが著しい市街地等は、「宅地造成工事規制区域」に指定され、宅地利用にあたっては厳しい造成の条件が課されます。造成前の更地のまま購入するような案件は避けるべきです。取り上げる場合は、造成許可を確認し、検査済証が出てから実行するほうがよいでしょう。

　道路は公図とも比較しながら確認するのがよいでしょう。住宅地図上では道路になっていても、公図を見ると道路らしきものはなく、敷地がひしめき合っているということもあります。こうした場合は位置指定道路や2項道路ということが多いですが、接道要件を満たしていることをチェックしてください。

　また、登記上は1戸の建物のはずが、住宅地図を見ると、同じ敷地内に別の建物が書かれていることがあります。こうしたケースでは未登記の建物の可能性がありますので、現地を確認し、登記可能な物件であれば、登記してもらいます。担保として不十分な状態になるおそれがあるからです。

サンプル12　住宅案内図

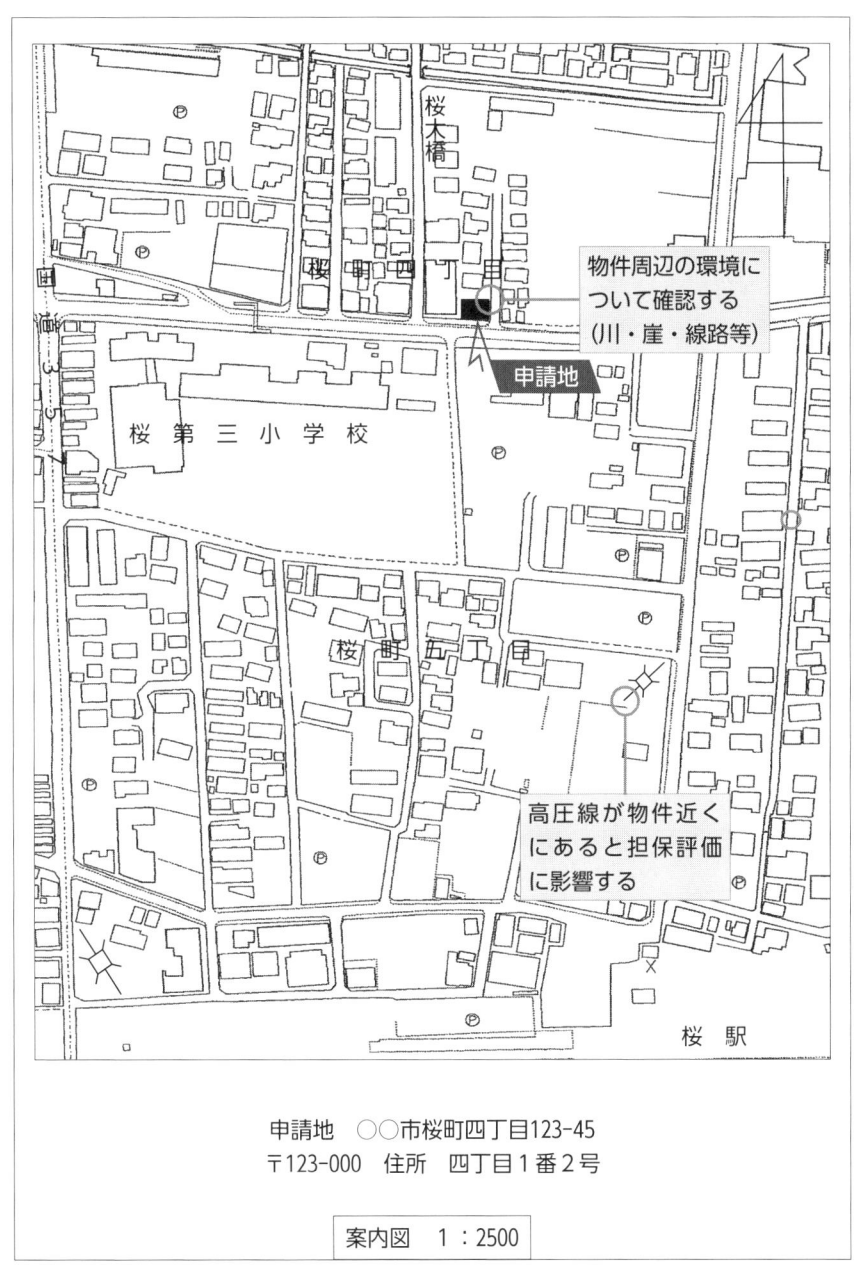

物件周辺の環境について確認する（川・崖・線路等）

申請地

高圧線が物件近くにあると担保評価に影響する

桜第三小学校

桜駅

申請地　〇〇市桜町四丁目123-45
〒123-000　住所　四丁目1番2号

案内図　1：2500

12 物件の確認書類⑨ 地積測量図

地積測量図はすべての土地に存在するわけではない

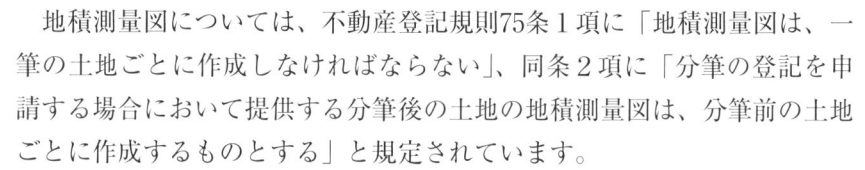

　地積測量図については、不動産登記規則75条1項に「地積測量図は、一筆の土地ごとに作成しなければならない」、同条2項に「分筆の登記を申請する場合において提供する分筆後の土地の地積測量図は、分筆前の土地ごとに作成するものとする」と規定されています。

　地積測量図は、土地の登記記録に付随して法務局に備え付けられている図面で、地番区域の名称、方位、縮尺、地番、地積及びその求積方法等が記載されています（同規則77条1項）。

　地積測量図は、敷地面積や隣地境界を把握することができる信頼性の高い図面であり、土地の形状や大きさを正確に知るのに役立ちます。

　ただし、地積測量図は、すべての土地に備え付けられているわけではありません。そのほとんどは、土地を分筆する際の登記にあたり提出されるものなので、過去に分筆されたことのない土地については、地積測量図が存在しないのです。

　地積測量図のない土地については、土地家屋調査士の測量した実測図で確認することになります。実測図には「現況実測図」と「確定実測図」があり、現況実測図の場合、あくまで「現況」に基づくものなので、必ずしも隣地境界が確認されているわけではありません。確定実測図の場合は、隣地所有者との境界確認が行われたうえで作成されます。

サンプル13　地積測量図

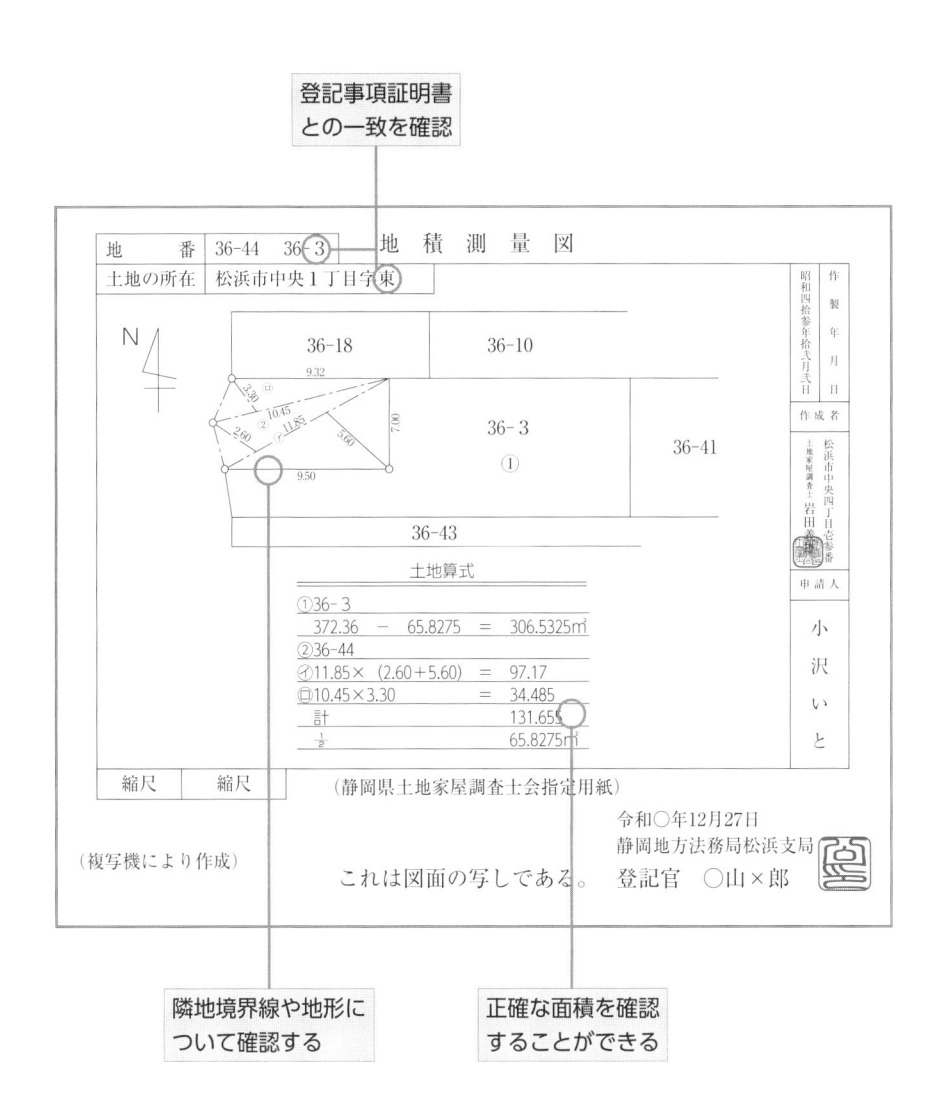

登記事項証明書
との一致を確認

地番	36-44　36-3	地　積　測　量　図

土地の所在　松浜市中央1丁目字東

作製年月日　昭和四拾参年拾弐月弐日

作成者　松浜市中央四丁目壱参番　土地家屋調査士・岩田○○

申請人　小沢いと

36-18　36-10
36-3　①
36-41
36-43

土地算式

①36-3
　372.36 － 65.8275 ＝ 306.5325㎡
②36-44
　㋑11.85×(2.60+5.60) ＝ 97.17
　㋺10.45×3.30　　　　＝ 34.485
　　　　　計　　　　　　131.655
　　　　　½　　　　　　65.8275㎡

縮尺　縮尺

（静岡県土地家屋調査士会指定用紙）

（複写機により作成）

これは図面の写しである。

令和○年12月27日
静岡地方法務局松浜支局
登記官　○山×郎　㊞

隣地境界線や地形について確認する

正確な面積を確認することができる

13 物件の確認書類⑩ 建物図面

建物が所在する地番やどんな配置であるかを確認する

　建物図面は、不動産登記規則11条1項に「建物所在図は、地図及び建物図面を用いて作成することができる」とあり、法務局に備え付けられている図面です。

　同規則81条には、「建物図面及び各階平面図は、1個の建物ごとに作成しなければならない」とあります。82条では、「建物の敷地並びにその1階の位置及び形状を明確にするものでなければならない」「方位、縮尺、敷地の地番及びその形状、隣接地の地番並びに附属建物があるときは、主である建物又は附属建物の別及び附属建物の符号を記録しなければならない」と規定されています。

　建物図面からは、建物がどの地番の土地の上に建てられているか、その土地の中でどのような配置になっているのか、といったことが分かります。建物図面により、住宅ローンの担保として取得すべき土地が、どの地番の土地なのかが明確になります。「建物の所在」が、担保となる土地と一致していることを確認しましょう。

　建物図面は500分の1、各階平面図は250分の1の縮尺で作成されています。建物と道路の位置関係や、建物と隣地境界との間隔なども確認できます。

サンプル14　建物図面

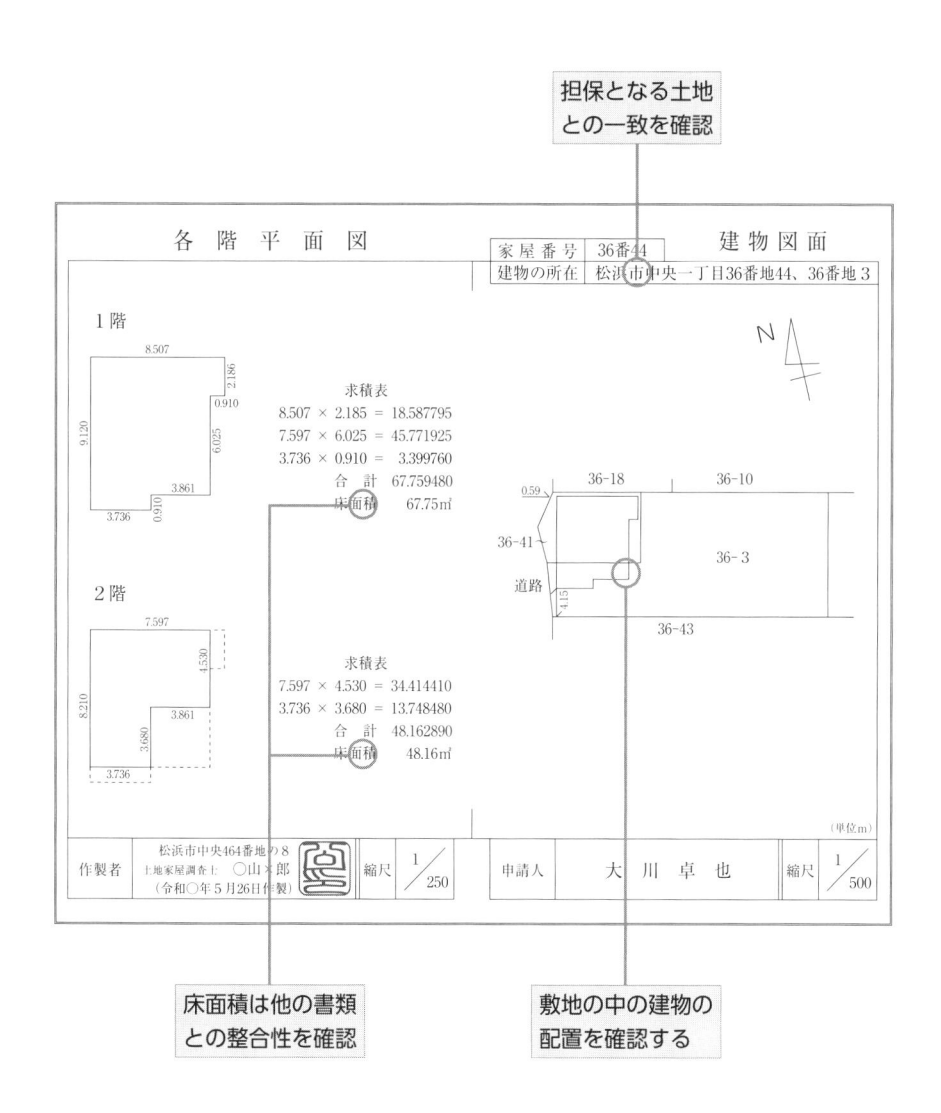

担保となる土地との一致を確認

床面積は他の書類との整合性を確認

敷地の中の建物の配置を確認する

14 物件の確認書類⑪ 建築確認済証

都市計画区域内の建築物はすべて建築確認を受ける

　建築基準法1条には、「この法律は、建築物の敷地、構造、設備及び用途に関する最低の基準を定めて、国民の生命、健康及び財産の保護を図り、もって公共の福祉の増進に資することを目的とする」とあります。建築物を建てる際は、建築主が建築確認申請を行い、「建築確認済証」の交付を受けて、この「最低の基準」を満たす必要があります。

　同法上で定められている「最低の基準」とは、建築物の敷地、構造、設備、用途などに関するものだということを頭に入れておいてください。金融機関として、この法律に違反するような建築物に対し、融資を行うことは慎むべきです。

　同法6条では、建築物を建てるときに建築主が建築確認申請をし、建築確認済証の交付を受けなければならない条件を示しています。申請を審査し、確認済証を交付するのは、市役所等に置かれた建築主事、または、指定検査機関です。

　原則として、都市計画区域内の建築物は、すべて建築確認を受けなければなりません。都市計画区域外で建築確認が不要な場合も、「建築工事届」の提出が必要です。

　上部に「確認済証」と記載のある書面から見ていきましょう。

　まず、交付年月日（申込み日との整合性）、建築主事または指定検査機関の印があるか、建築場所、工事種別（新築または増改築）等をチェックします。ローンが新築の申込みなのに、確認済証の工事種別が「増改築」では、全く話が違うことになりますので、きちんと確認しましょう。

第２章　担保物件の確認と資料の見方

サンプル15-1　確認済証

建築基準法６条の２第１項の規定による
確認済証

第H24確認建築○○住ま17540号
令和○年２月26日

【交付年月日を確認する】

吉本　光弘　様

【ローンの申込人と一致しているか】

（一財）○○県住宅まちづくりセンター
理事長　丸山　丸男
（××支所）

　下記による計画は、建築基準法第６条第１項（建築基準法第６条の３第１項の規定により読み替えて適用される同法第６条第１項）の建築基準関係規定に適合していることを証明する。

記

1．建築場所、設置場所又は築造場所
　　松浜市中央一丁目36番44、36番３の一部

【建築場所が他の書類と一致しているか（「一部」となっている場合は分筆する可能性がある）】

2．建築物、建築設備若しくは工作物又はその部分の概要
　（1）建築物の名称　吉本　光弘　様邸新築工事
　（2）主要用途　　　一戸建ての住宅
　（3）工事種別

【用途や工事種別を確認する】

　　　　■新築　□増築　□改築　□移転　□用途変更　□大規模の修繕
　　　　□大規模の模様替え
　（4）延べ面積（建築物全体）　a．対象部分の面積　　　115.91 ㎡
　　　　　　　　　　　　　　　b．対象以外の部分の面積　0.00 ㎡
　　　　　　　　　　　　　　　c．合計の面積　　　　　115.91 ㎡
　（5）対象棟数　　1
　（6）建築物の構造　木造（木質系プレハブ構造）
　（7）建築物の階数　地階を除く階数（地上階数）　2
　　　　　　　　　　地階の階数　　　　　　　　　0
3．確認を行った検査員氏名　　沢山　明人
4．構造計算適合性判定の結果を記載した通知書の番号

5．構造計算適合性判定の結果を記載した通知書の交付年月日

6．構造計算適合性判定の結果を記載した通知書の交付者

他の建築主　0　名

（注意）この証は、大切に保存しておいてください。

サンプル15-2　確認申請書（第3面）

(第三面)

建築物及びその敷地に関する事項

【1. 地名地番】　松浜市中央一丁目36番44、36番3の一部　→　担保として取得する土地と合っているか

【2. 住居表示】

【3. 都市計画区域及び準都市計画区域の内外の別等】
　　■都市計画区域内　　　　　■市街化区域　　□市街化調整区域　　□区域区分非設定）
　　□準都市計画区域内　　　□都市計画区域及び準都市計画区域外

【4. 防火地域】　　　□防火地域　　□準防火地域　　■指定なし

【5. その他の区域、地域、地区又は街区】
　　法第22条区域、高度地区

【6. 道路】
　　【イ. 幅員】　　　　　　　　　　　12.120 m
　　【ロ. 敷地と接している部分の長さ】　13.888 m　　→　接面道路の幅員と接している長さを確認する

【7. 敷地面積】
　　【イ. 敷地面積】（1）　　（　136.66　）（　　　）（　　　）（　　　）㎡
　　　　　　　　　　　（2）　（　　　　　）（　　　）（　　　）（　　　）㎡
　　【ロ. 用途地域等】　　　（近隣商業）　　　　　　　　　　　　　　　　　→　登記面積とは異なる場合が多い
　　【ハ. 建築基準法第52条1項及び第2項の規定による建築物の容積率】
　　　　　　　　　　　　　　（　200）（　　　）（　　　）（　　　）％
　　【二. 建築基準法第53条1項の規定による建築物の建ぺい率】
　　　　　　　　　　　　　　（　80.00）（　　　）（　　　）（　　　）
　　【ホ. 敷地面積の合計】（1）　　136.66　㎡
　　　　　　　　　　　　　（2）　　　　　　㎡
　　【ヘ. 敷地に建築可能な延べ面積を敷地面積で除した数値】　200.00 %
　　【ト. 敷地に建築可能な建築面積を敷地面積で除した数値】　80.00 %
　　【チ. 備考】

【8. 主要用途】（区分　08010）　一戸建ての住宅

【9. 工事種別】
　　■新築　□増築　□改築　□移転　□用途変更　□大規模の修繕　□大規模の模様替え

【10. 建築面積】　　　　　　　（　申請部分　）（申請以外の部分）（　合計　）
　　　　　　　　　　　　　　（　　70.06　）（　　　）（　　　）（　　　）㎡
【11. 延べ面積】　　　　　　　（　申請部分　）（申請以外の部分）（　合計　）
　　【イ. 建築物全体】　　　　（　115.91　）（　　　）（　　　）（　　　）㎡
　　【ロ. 地階の住宅の部分】　（　　　　　）（　　　）（　　　）（　　　）㎡

〜〜

【14. 許可・認定等】　　　53条許可　R○.2.23　松浜市指令都計第68号
【15. 工事着手予定年月日】　令和○年03月24日
【16. 工事完了予定年月日】　令和○年06月12日
【17. 特定工程工事終了予定年月日】
【18. その他必要な事項】　形式部材等製造者認証による住宅　　→　許可の内容について確認する
【19. 備考】

多くの場合、115ページの「確認済証」に続いて、「建築確認申請書」がついています。建築確認申請書は第1面から第5面まであり、当該建築物に関するあらゆる情報が記載されています。ここでは、担保として適格かどうかを見るのに重要な、第3面から第5面までを取り上げます。

まず、第3面では、建築場所の地名地番、住居表示、都市計画区域に関する記載、道路幅員、道路接面幅、敷地面積、建築面積、容積率・建ぺい率等を確認することができます。

敷地面積は実測ですので、登記面積と相違していることがあります。登記面積に比して敷地面積が少なすぎるときは、別の建物のために敷地が利用されているか、今後利用予定であることがありますので、登記事項証明書と現場の状況を確認しましょう。

複数の地番が表示されているときは、そのすべてが建物の敷地になっているはずです。「一部借地」と表示されているときは、建物の敷地に他人の土地がある場合です。敷地が共有の場合、単独では再建築を行うことができないので、担保として問題が生じることもあります。

道路については、幅員と接道している部分の長さを知ることができますが、道路の種類は表示されません。建築確認申請書の第3面からは分からないので、別にある配置図などで、公道か私道かといったことを確認しましょう。

その他に、「許可・認定等」の欄もよく見ます。開発許可、建築許可、宅地造成規制区域の造成許可、条例の適用など確認すべきものがあります。こうした許可が表示されているものについては、許可証等を必ず確認しましょう。

サンプル15-3　確認申請書（第4面）

```
                              （第四面）
  建築物別概要
  【1. 番号】        1
  【2. 用途】
                  （区分  08010  ）  一戸建ての住宅           用途と工事種別に
  【3. 工事種別】                                              問題はないか
     ■新築   □増築   □改築   □移転   □用途変更   □大規模の修繕   □大規模の模様替え
  【4. 構造】       木造（木質系プレハブ構造）
  【5. 耐火建築物】  その他
  【6. 階数】
     【イ. 地階を除く階数】         2 階
     【ロ. 地階の階数】              階
     【ハ. 昇降機塔等の階の数】      階
     【ニ. 地階の倉庫等の階の数】    階
  【7. 高さ】                                                  他の書類との
     【イ. 最高の高さ】          8.428 m                        整合性を確認
     【ロ. 最高の軒の高さ】      5.923 m
  【8. 建築設備の種類】  電気、給排水、換気、住宅用火災警報装置
  【9. 確認の特例】
     【イ. 建築基準法第6条の3第1項の規定による確認の特例の適用の有無】  ■有   □無
     【ロ. 適用があるときは、建築基準法施行令第10条各号に掲げる建築物の区分】  第  1  号
     【ハ. 建築基準法施行令第10条第1号又は第2号に掲げる建築物に該当するときは、
          当該認定型式の認定番号】                          第                 号
     【ニ. 建築基準法第68条の20第1号に掲げる認定型式部材等に該当するときは、
          当該認証番号】                            第   製010101Aaca0032711-050-30  号
  【10. 床面積】
     【イ. 階別】            （  申請部分  ）（申請以外の部分）（     合計      ）
                    （F 2 階）（      48.16 ）（           ）（      48.16 ）㎡
                    （F 1 階）（      67.75 ）（           ）（      67.75 ）㎡
     【ロ. 合計】                   115.91 ）（           ）（     115.91 ）㎡
  【11. 屋根】      繊維混入フライアッシュセメント板（NM-9536）
  【12. 外壁】      硬質木片セメント板表張／石膏ボード裏張／木製枠組造外壁（PC030BE-9034）
  【13. 軒裏】      硬質木片セメント板 t＝12（建設省告示第1385号第五第2ロ）
```

　第4面には、建築物の概要が示されています。建物の用途や構造、工事種別、階別床面積についてチェックしましょう。住宅ローンの担保とするためには、用途が「住宅」であることが前提ですから、まずこれを確認します。通常、住宅ローンの適用要件には「居住用部分が建物の面積の2分の1以上であること」などと規定されています。店舗併設型の住宅などで、この条件に当てはまらない場合は、住宅ローンとして取り上げることができません。

サンプル15-4　確認申請書（第5面）

```
                                （第五面）
   建築物の階別概要
   【1. 番号】                    1
   【2. 階】                      F 2階
   【3. 柱の小径】                         mm
   【4. 横架材間の垂直距離】               mm
   【5. 階の高さ】                         mm
   【6. 居室の天井の高さ】        2,400 mm
   【7. 用途別床面積】
        （ 用途の区分 ） （ 具体的な用途の名称 ） （   床面積   ）
        （   08010   ） （   一戸建ての住宅   ） （   48.16   ） ㎡
```

→ 用途が住宅であることを確認する

　第5面には、建築物の階別の概要が示されています。ここでも、「用途別床面積」の欄で、用途が住宅となっていることを確認してください。

ローン実行前に検査済証を確認する

　建築基準法関連の書類には、もう1つ「検査済証」というものがあります。確認済証が工事着工前に法律に適合しているかを審査して発行されるのに対し、検査済証は、工事の中間検査・完了検査時に発行されます。

　建築基準法では、建築検査を受けることを義務付けているのですが、建築確認だけを行い、その後の検査を受けないままの物件が多いのも事実です。これは、法律上、検査をしないことによる罰則規定がないためで、業者によっては、建築確認は取っても、実際の建築物は容積率違反などを犯している場合があります。

　したがって、ローン申込にあたり建築確認済証を提出しても、検査済証は提出せずに実行を依頼してくる業者もいます。こうしたケースでは、表示登記を確認しないで抵当権設定登記を行い、登記が済んでから戻ってきたものを見ると、申込と相違した面積になっていたり、最終的には違反建築だった、などということにもなりかねません。住宅ローンを実行し、設定登記も済んだ後では、資金を返してもらうのは困難ですから、検査済証を実行前に提出してもらうようにすることが大切です。

15 現地確認のポイント

書類上で想定したことと現地は異なる場合がある

　ここまで物件の確認書類を見てきましたが、担保評価にあたり重要なのは、何といっても現地を見るということです。

　地図や公図などを見て十分把握できたと思っても、いざ現地へ行ってみると、周辺の環境が異なっていたり、坂や崖、水路などがあったりと、書類上で想定していたものとはまるで違うことがあります。

　ただし、やみくもに現地へ出向けばよいというわけではありません。まず、対象物件の住居表示と地番を確認し、登記事項証明書で表示登記を確認します。公図、建物図面、地積測量図等で道路との位置関係や敷地の形、大きさなどを調べ、住宅地図で物件の位置を確認しておきます。

　また、建築確認済証・建築確認申請書等で、建築物件の都市計画法上の区域、用途地域等を調べ、建ぺい率・容積率等、行政上の制限についても確認しておきます。

　現地では、実際の土地や建物が、書類上の記載と合っているかどうかを見ます。大切なことは、物件にマイナス情報がないかどうかを調べることです。言い換えれば、「物件の評価を下げるような材料」ということになります。担保として適格な物件かどうかを見るわけです。

　物件調査は、次の手順で行います。
①物件の登記情報を収集する
　登記事項証明書、公図、建物図面など（手元にない場合は法務局で取得することができる）
②現地調査を実施し、登記情報と比較する

物件の具体的な状況、周囲の環境を観察し、行政庁に確認すべきことがあればメモする
③役所（都市計画課、建築指導課など）へ行き、物件に関する都市計画法や建築基準法上の制限等につき確認する

役所は聞かれたことにしか答えませんから、行く前に質問すべきことを整理しておくことが必要です。

前面道路の状況や隣地との境界線などを確認

では、現地調査の具体的なポイントを挙げてみます。携行するものは、磁石、メジャー（3ｍ程度）、デジタルカメラなどです。

①街路条件の確認

駅など物件へのアクセスポイントから、物件へ至る街路状況を観察します。平坦な道のりなのか、坂が多いのか、特に、物件の前面道路については傾斜状況を見ます。物件が接する道路の状況、幅員は重要です。建築基準法上の「道路」は幅員4メートル以上のものをいい、建物の敷地は、その道路に2ｍ以上接しなければならないからです。

また、通り抜けができるのか、行き止まりになっているのかも土地の評価に影響します。行き止まり道路の場合、法定道路ではなく、敷地延長や但し書き道路になっていることもありますから、役所で確認しなくてはなりません。

さらに、私道の場合は敷地所有者の持分があるかどうかを確認します。持分がない場合、通行や道路掘削について問題が生じることがあり、通行・掘削のための承諾書を、私道の所有者からもらうことになります。

敷地の脇に路地のようなものがある場合、道路の場合もあれば、単なる通路の場合もあります。2項道路の場合は、セットバックしなければなりません（63ページ参照）。

前面道路と敷地の間に、水路のようなものがある場合もあります。道路の一部と見なされる場合もありますが、水路として役所の「占有使用許可」が必要な場合があるので、注意が必要です。

敷地と道路から細い路地でつながっている旗竿地の場合は、道路と接する部分の幅が2メートル以上あるかどうかを測っておきます。もし足らないときは、役所で建築確認概要書等を請求し、接道条件を確認しましょう。

②対象敷地の形状等の把握

測量をするわけではありませんから、四隅にある敷地境界石の確認まではしなくてもよいでしょう。隣地との境界は、塀や垣根などでざっと見る程度でかまいません。

公図と同じ形状になっているか、やや違和感があるのか、とりあえず感覚で判断します。敷地は間口が広いほど利用度が高まり、評価は高くなります。逆に間口が狭いと、防災面や日照の問題などで建物に制限を受けることがあり、有効な利用が限られるため、評価は下がります。

整形地は評価が高く、不整形地や間口が狭い土地は評価が下がるのが基本です。また、接道は南側か北側か、その方位により日照条件が異なるため、評価に影響します。

嫌悪施設や河川・崖などの有無もチェックする

③周辺環境のチェック

対象敷地の周辺は、住宅地としての環境を備えているかどうかを見ます。例えば、工場や店舗などが混在する地域は、住居を購入する人が限定されます。その地域で事業を営む人なら職住近接で便利でしょうが、閑静な住宅地を希望する人は、こうした環境は望まないのが普通です。また、周辺に嫌悪施設、例えば、ごみ処理施設や養鶏場のような悪臭が発生する場所、葬祭場、高圧線などがないかもチェックします。

河川が近くにある場合は、水害の痕跡がないかどうか注意します。敷地が崖地の上にあったり、後背地が崖になっていたりする場合は、崖地条例や、宅地造成法の許可が必要な場合がありますので、役所で確認しましょう。

④その他の確認事項

敷地内に、登記にない建物が建っていないかどうかも見ます。未登記建

物がある場合、登記可能なものは保存登記をしてもらい、抵当権が設定できるようにしておかないと、売却処理などの際に面倒なことになります。

隣地境界線において、建物や構築物、植木等が越境していないかということも確認します。越境している場合は、その処理方法について取り決めがしてあることが前提になりますから、業者を通じて覚書等を確認しましょう。

法的な規制や許可などは役所に行けば調査できる

現地調査で疑問に感じた点、確認すべき点が生じた場合は、役所へ行って情報を得ます。

都市計画課では、市街化区域、市街化調整区域、用途地域など区域の種別や道路計画の有無、その地域における種々の制約について確認することができます。開発許可が必要なのか、宅地造成に特別な条件があるのかなどを調査します。

建築指導課では、建築基準法に関わることを確認できます。特に重要なのは道路に関することです。明らかに法定道路ということが判明している場合を除き、建築基準法42条の道路であるか否かをまず確認します。これは、建築主が単独で建築確認申請ができるかどうかということです。

また、建物の敷地面積に疑問が生じたときは、建築概要書を申請して確認します。建物の敷地面積、建ぺい率・容積率等を調査することができます。

このように、「書類による物件の特定→現地確認→役所での調査」の流れで行うと、スムーズに進めることができます。

第3章
可否判断のための基本知識

第3章 可否判断のための基本知識

1 収入面から返済能力を判断する

雇用形態と給与の支給形態をチェックする

　返済能力を見るためには、申込人の収入を把握する必要があります。給与所得者の場合、収入は年間の給与支給額を指し、個人事業主の場合は、売上収入から経費を差し引いた申告所得額を指します。

　年間の収入に対するすべての借入の返済額の割合を「返済負担率」といい、各金融機関によりその基準が定められています。フラット35の場合、返済負担率は、年収400万円未満は30％以下、年収400万円以上は35％以下であることが利用の条件とされています。「すべての借入」には、利用する住宅ローンの年間返済額だけでなく、マイカーローンやカードローン、クレジットの分割払いも含まれます。

　ひと口に給与収入といっても、勤務先の規模は様々ですし、またその雇用形態も様々です。雇用形態に関して言えば、正社員、契約社員、派遣社員、パート、アルバイトなどがありますが、通常、住宅ローンの借入資格が認められているのは正社員のみです。

　給与の支給形態も、企業の規模や業種によって異なります。

①月給制

　一般的な企業の多くがこの支給形態を採用しています。月の出勤日数に関係なく、月額の賃金が決まっており、欠勤や休暇があっても、その時間分の賃金が減額されることはありません。

②日給月給制

　月額が決まっているのは月給制と同じですが、欠勤、遅刻、早退をすると、その時間分の賃金が減額されます。製造業等で生産業務に従事する技

能職の一般従業員等は、この形態の場合があります。
③固定給＋歩合給
　月額単位の固定給に、業績に応じて計算した歩合給が加算されます。不動産業の営業社員、訪問販売の社員等に多く見られる形態です。
④年棒制
　1年単位で賃金額を決める方式です。「年俸制」とはいえ、毎月1回以上分割払いをしなければならないことになっています。一部の大企業の管理職や、外資系の企業等はこの形態を採用していることがあります。
⑤日給制
　1日単位で給与が支給されます。パート・アルバイト、日雇い労働者等がこれに当たります。

歩合給の職種＝ＮＧというわけではない

　このように給与の支払い方法は、企業規模、業種、職種により様々です。住宅ローンは長期にわたり返済をしていく商品ですから、その返済財源たる給与収入は安定していることが求められます。

　したがって、勤務先の経営状況や雇用関係が安定していることに加え、給与も不安定に上下しないことが望ましいといえます。となると、前述の給与の支給形態では、月給制が一番理想的です。

　一方で、歩合給などの職種にあるからといって、最初からお断りするというのも偏った考え方です。そういう職種でも、数年にわたって安定した収入を確保していることや、生活態度が堅実で、自己資金も相応に準備していることなどが確認できれば、十分検討できるでしょう。

　ただし、日給制のパートやアルバイト、日雇い労働者の方が対象外になるのは当然のことです。臨時的に雇用される立場では、安定した収入が見込めないからです。

　住宅ローンの申込書には、会社名、業種、職種、職位等を記入してもらう欄がありますので、きちんと確認しましょう。収入を証明する書類については、次項で紹介します。

2 給与所得者の収入確認① 源泉徴収票

社会保険料等がきちんと引かれているかを見る

　給与所得者の収入確認書類として、まず見なければならないのは源泉徴収票です。前年度のものを提出してもらいます。

　源泉徴収票を点検するときには、社会保険料の欄に注意してください。一般的な会社員の給与は、雇用保険、健康保険、厚生年金等の保険料が控除され、かつ、所得税、住民税等を差し引いた額が支給されています。

　源泉徴収票において、社会保険料がきちんと差し引かれているかどうかということは、その会社の正社員であるか否かという判断材料になる場合もありますし、また、勤務先が法律を遵守した雇用制度を備えていることの確認にもなります。

　社会保険料の欄が空欄だとすると、健康保険料等が給与から控除されていないことになりますので、自分で支払う必要があります。正社員として扱われていない可能性が高く、給与という形式で支払いが行われていたとしても、契約形態は請負かもしれません。

　そのほか、社会保険料が控除されていたとしても、給与の支払金額に対して極端に少ない場合は、社会保険料の一部が控除されていないことが考えられます。よくあるのは、健康保険料や厚生年金保険料が控除されておらず、従業員が自己負担で国民健康保険や国民年金に加入しているというケースです。会社が保険料の負担を避けるために控除していないか、あるいは正社員ではなく、契約社員や派遣社員の場合も考えられますので、注意してください。これらの詳細は、健康保険証や、給与明細などを確認することでより明らかになります。

サンプル16　源泉徴収票

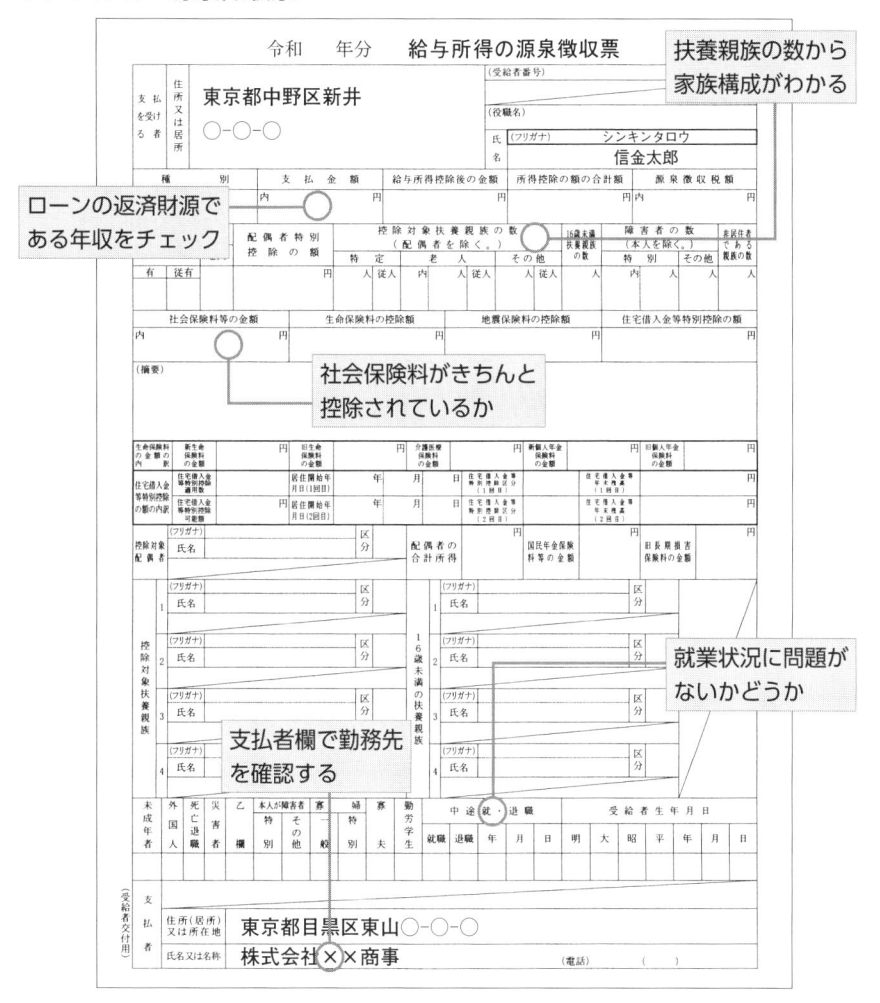

（源泉徴収票の図）

- 扶養親族の数から家族構成がわかる
- ローンの返済財源である年収をチェック
- 社会保険料がきちんと控除されているか
- 就業状況に問題がないかどうか
- 支払者欄で勤務先を確認する

住所：東京都中野区新井○-○-○
氏名：信金太郎（シンキンタロウ）

支払者住所：東京都目黒区東山○-○-○
氏名又は名称：株式会社××商事

　源泉徴収票をお客様から取り受け、「給与の支払金額と、申込書に記載された年収の一致が確認できたから問題はない」と簡単に済ませてはいけません。必ず中身の項目を点検するようにしましょう。
　こうすることで、勤務先がきちんとした会社なのかどうかということも判断することができます。

3 給与所得者の収入確認② 給与明細

勤続年数が短い場合などに数ヵ月分を確認

　給与明細は、会社が従業員に給与を支払うときに、支払額の内容を記載した書類です。総支給額と控除した費用の明細が記載されており、最終的な本人の手取り額が分かるようになっています。

　住宅ローンの申込みにおいては、源泉徴収票と課税証明書を提出書類としている金融機関が多いと思います。では、給与明細の確認はどのようなときに必要なのかというと、例えば勤続年数が短く、実際に1年間の支給実績がないような場合に、数ヵ月分の支払い実績から年間支給額を見るために使います。通常、住宅ローンの利用条件には「勤続年数3年以上」とか、「勤続年数1年以上」といった項目がありますが、転職歴に一貫性があり、安定的な収入が見込める場合などは、取扱いを可とする場合があるからです。

　そのほか、歩合給のお客様の固定給と歩合給の比率を見ることもできます。給与に占める歩合給の割合が多ければ、それだけ毎月の給与の額が大きく変動することになりますので、注意が必要です。また、歩合給か固定給かの判断がつかないときに、確認資料としてもらうこともあります。

　さらに、契約社員か正社員かが分からないときにも、給与明細を見れば、社会保険料等の控除の内容から推定することができます。前述したように、正社員であれば、健康保険や雇用保険、厚生年金等の保険料が控除されているはずです。それが控除されていないということは、臨時的な雇用関係にあるか、勤務先が会社としての義務を果たせない、レベルの低い企業であるかのどちらかということになります。

サンプル17　給与明細

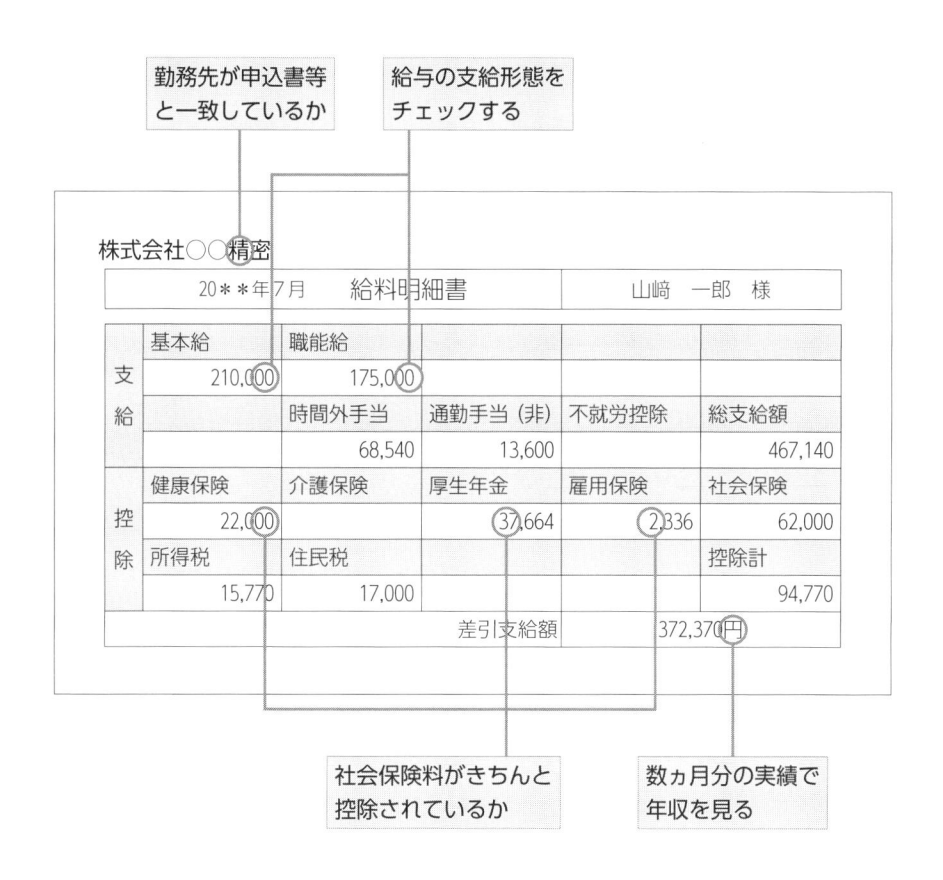

勤務先が申込書等と一致しているか

給与の支給形態をチェックする

株式会社○○精密

20＊＊年7月　給料明細書				山﨑　一郎　様	
支給	基本給	職能給			
	210,000	175,000			
		時間外手当	通勤手当（非）	不就労控除	総支給額
		68,540	13,600		467,140
控除	健康保険	介護保険	厚生年金	雇用保険	社会保険
	22,000		37,664	2,336	62,000
	所得税	住民税			控除計
	15,770	17,000			94,770
			差引支給額	372,370円	

社会保険料がきちんと控除されているか

数ヵ月分の実績で年収を見る

4 給与所得者の収入確認③ 課税証明書

給与収入以外の所得があるか否かをチェック

　源泉徴収票は、収入を公的に証明するものではありません。公的に証明できるのは、市町村役場で発行される課税証明書、あるいは、会社を通じて本人に渡される課税決定通知書です。

　これにより、本人に支給される給与が公的に証明されます。金融機関では、住宅ローンの審査において確実な収入証明をもって判断することが求められますので、これは必須のものです。

　源泉徴収票があれば収入は判断できると考える人もいるかもしれませんが、偽造されるケースもありますので、注意が必要です。

　また、課税証明書でしか確認できないこともあります。課税証明書には、本人が得た所得のすべてが記載されています。申込書の職業欄が「会社員」であっても、給与以外の収入を得ている場合もあります。よくあるのは不動産所得などです。

　事業所得がある場合は、それに伴う借入が発生していることもあります。そうなると課税証明書だけでは不十分ですので、確定申告書や納税証明書も提出してもらうことになります。

　ここで確認すべきは、事業が本人のキャッシュフローにどういう影響を与えているかということです。事業収支のキャッシュフローがマイナスだと、給与収入にも影響します。つまり、住宅ローンの返済にあたり、マイナスの影響を与えることになるのです。

　このように課税証明書では、所得額だけでなく、給与以外の所得が発生しているか否かを確認することが大切です。

サンプル18　課税証明書

公的に証明される給与の額

特別区民税・都民税　課税証明書

賦課地住所　世田谷区○○　1丁目2番3号
氏　名　大月　三郎

相 当 年 度	平成26年度（平成25年分）		雑損控除額	0 円	課税総所得金額	2,398,000 円
所得の内訳	給与所得	（収入金額）	4,892,901 円	所得控除の内訳	医療費控除額	0 円	上記以外の課税所得金額	0 円
		所得金額	3,373,600 円		社会保険料控除額	609,819 円	特別区民税	所 得 割 額	112,800 円
	年金所得	（収入金額）	0 円		小規模企業共済等控除額	0 円		均 等 割 額	3,500 円
		所得金額	0 円		生命保険料控除額	35,000 円	都民税	所 得 割 額	75,200 円
	**********	**** 円		地震保険料控除額	0 円		均 等 割 額	1,500 円
	**********	**** 円		配偶者控除額	0 円	年 税 額	193,000 円
	**********	**** 円		配偶者特別控除額	0 円	参考	扶 養 人 数	0 人
	**********	**** 円		扶養控除額	0 円		控除対象配偶者　無　特定扶養　0人
	**********	**** 円		扶養障害者控除額	0 円		老人 0人（内同居 0人）その他扶養 0人
	**********	**** 円		本人該当控除額	0 円		16歳未満　0人
	**********	**** 円		基礎控除額	330,000 円		障害：特別 0人（内同居 0人）普通 0人
	**********	**** 円			円		
合 計 所 得 金 額	3,373,600 円	所 得 控 除 額 計	974,819 円		

証第 564040 号
令和○年　7月10日

上記の通り証明します

世田谷区長　○山　×男　㊞

給与以外の収入が発生していないか

5 給与所得者のその他の確認事項

健康保険証から雇用形態や勤続年数を見る

　健康保険証については第1章（20～23ページ）でも触れましたが、給与所得者の場合、これは必ず確認しなければいけないものです。保険証の種類により、雇用形態や雇用期間等が判明するからです。

　健康保険証には種類があり、正社員であれば①組合健保、②協会けんぽ、③共済保険、④船員保険のいずれかの被用者保険に加入（組合国保も含む）しているはずです。

　保険者が市町村の場合は国民健康保険であり、個人事業主などが加入するものです。給与所得者なのに国保に加入している場合（組合国保は除く）は、正社員でなかったり、会社の基盤が安定しておらず、保険料を払えない企業だったりする可能性があり、収入の安定性（＝返済の確実性）に疑問符がつきます。

　また、健康保険証には、被保険者としての「資格取得日」が記入されており、普通は資格取得日が入社年月日になります。つまり、ここから勤続年数を把握することができます。申込書に記載された勤続年数と合わせて確認しましょう。

　国保の場合は、資格取得日はその地域に居住したときになりますので、転居などをした場合は資格取得日が変わります。

　なお、国保の保険証は、1年ごとに更新されますが、役所により更新月日が決まっています。保険料を延滞したりすると、その更新月日が決まった月日と違う場合がありますので、この点も注目すべきポイントといえます。普段の生計が楽でないことが推定できるからです。

転職後間もない場合は本人の「実力」次第

　住宅ローンは返済が長期間にわたるため、安定した勤務状態であることが条件となります。そのため「勤続年数3年以上」を基準とする金融機関が多いようです。しかし、最近は転職する人も珍しくありませんし、転職歴があるからといって、収入が不安定であるとも言い切れません。問題は転職歴ではなく、本人に「実力」があるかどうかだと考えます。返済するのは会社ではなく、申込人本人だからです。

　では、実力をどう推定するかですが、これは本人のキャリア形成がどのようになされてきたかがポイントになります。つまり、転職によりステップアップしているかということです。具体的な例を挙げれば、例えば日本の証券会社にいた人が実績を上げて外資系の有力投資銀行に転職し、職位も給与も上がったような場合は、ステップアップと言えるでしょう。

　転職歴が首尾一貫して同種の仕事であることも大切です。今まで事務系の仕事をしていたのに、次の会社ではまったく違う分野の営業マンになるなど、職種がコロコロ変わるような場合は、一貫性があるとは言えません。

　また、専門的な技術・知識を要する仕事で、それに関する資格を持つ人は、他の企業から誘いを受け、「ヘッドハンティング」のような形で転職することがあります。例えば、弁護士や公認会計士などは、実力を認められ、大手の事務所から誘いを受けて転職するといったこともあるでしょう。

　なお、電気工事士や薬剤師など、国家資格を有する人も、転職の際には強みになります。こうした人は有利な条件を求めて転職することが多いため、転職歴があるから収入が不安定だとは言えません。

　したがって、転職後間もなくても、転職先からのオファーが確認できたり、昇給などステップアップの根拠が確認できれば、検討の余地があります。数ヵ月分の給与明細をもらい、転職後の年収をおおよそ把握できれば、金融機関によっては認める場合もあります。

　やみくもに転職を繰り返すような人では、確実な返済は見込めません。自己資金の保有状況なども、1つの目安になるでしょう。

6 事業所得者の収入確認① 確定申告書

まずはどんな事業から生じた所得なのかを見る

　事業所得者といっても様々な業種があり、金融機関としてローンを貸せない業種もあります。風俗営業など公序良俗に反する業種の人や、反社会的勢力のような業種の人に対して、貸し出すわけにはいきません。まずはコンプライアンス上、問題のない業種であることを確認すべきです。

　事業所得とは、税法上、「農業、漁業、製造業、卸売業、小売業、サービス業、その他の事業から生ずる所得で、不動産所得、山林所得、譲渡所得を除いたもの」とされています。事業所得は、以下のように分けられます。

①営業所得

　小売業、卸売業、製造業、修理業、サービス業、建設業及びその他の営業（運送業、金融業、不動産業、保険代理業等）から生ずる所得

②農業所得

　米、麦、野菜、花、果樹、繭などの栽培、生産または、農家が兼営する家畜家禽などの育成、肥育、採卵もしくは酪農品の生産などの事業から生ずる所得

③その他の事業所得

　自由業（医師、弁護士、公認会計士、作家、画家、芸能人、生命保険外交員等）、畜産業、漁業などの営業及び農業以外の事業から生ずる所得

　事業所得者の場合、返済の原資となるものは「所得額」です。これは、事業収入から原価、諸経費等を差し引いた税引き前の金額になります。

　注意しなければならないのは、諸経費の中身です。諸経費の中に金利な

どが計上されているときは、借入があるということです。経費には金利は計上されますが、元金返済分は計上されません。つまり、経費以外に元金返済という支出があることになります。

その借入が運転資金であれば、売上代金などで資金繰りをつけることが可能ですが、設備資金借入の場合は、原則的に利益償還しなければならないため、その返済金を所得や減価償却費で賄うことが必要になります。

貸借対照表の負債の部に設備に対する割賦手形、リース債務や未払金があるときにも、その支払額を同様に所得から差し引く必要があります。所得＋減価償却費から元金返済分を差し引いたものを分母、住宅ローンの元利金を分子として割ったものが返済負担率となります。

過去3年間の申告書から事業継続性をチェック

事業所得者の場合は、原則として過去3年間の確定申告書の実績を見ることが必要です。事業の成長性・安定性と、継続性について検討します。

①損益計算書（サンプル19-1）

損益計算書上で、売上（収入）金額から売上原価を引いたものを売上総利益といいますが、これにより事業自体の収益力が示されます。売上原価には、商品の仕入れ費用や製品の製造経費等が入ります。

その次に人件費、交通費、通信費、地代家賃、一般諸経費等が差し引かれ、これらを差し引いた残りが事業主の取り分になります。最後に専従者給与や青色申告控除が差し引かれますが、これらは実態的には家計から流出するものではありませんので、右下の「所得金額」ではなく、中央の「差引金額」を見るようにします。

地代家賃が計上されていない場合、事業所は本人所有ということになりますので、その不動産について調査します。建物や設備が自前ならば、減価償却を行っているはずなので、計上してあるかもチェックします。

②貸借対照表（サンプル19-2）

貸借対照表は、左側に「資産の部」、右側に「負債の部」、「資本の部」となっていて、期首と期末が2列で比較できるようになっています。

サンプル19-1　青色申告決算書（損益計算書）

（決算書画像）

- 事業性の借入があることを示す。借入明細を提出してもらう
- この金額が事業主の「取り分」となる（年収として見る）
- 計上されていない場合事業所が本人所有であることを示す

したがって、1年間の資産の変動に対し、負債・資本はどのように変化しているのか、すなわち資金調達方法が分かるようになっています。

例えば、売上が増加して資産の部の売掛金や在庫が増加しているときに、一方の調達側の負債・資本の部の買掛金、支払手形、借入金などがどのように変化しているのかを見ることができます。

さほど売上が伸びていないのに売掛金や在庫が増加している、または貸付金、仮払金などの科目が増加していて、借入金が異常に増えているときは、注意が必要です。過大な投資や販売先が不良債権化している可能性が

サンプル19-2　青色申告決算書（貸借対照表）

貸借対照表（資産負債調）			負債・資本の部		
科目	1月1日(期首)	12月31日(期末)	科目	1月1日(期首)	12月31日(期末)
現金	292,300	372,772	支払手形		
当座預金	576,000	1,183,000	買掛金	1,672,000	2,034,000
定期預金	1,463,400	1,824,500	借入金	2,283,000	2,290,000
その他の預金	98,000	133,000	未払金	238,000	246,000
受取手形			前受金		
売掛金	1,172,000	1,348,000	預り金	3,080	24,202
有価証券					
棚卸資産	3,705,000	3,814,000			
前払金					
貸付金					
建物	4,385,400	4,727,800			
建物附属設備					
機械装置					
車両運搬具	25,000	20,000	貸倒引当金	64,460	74,140
工具器具備品	37,374	580,030			
土地					
繰延資産	150,000	100,000			
			事業主借		541,450
			元入金	7,643,934	7,643,934
事業主貸		2,806,000	青色申告特別控除前の所得金額		4,055,376
合計	11,904,474	16,909,102	合計	11,904,474	16,909,162

- 期首と期末の変化を比較できる
- 事業資金から個人の家計に支出したもの
- 個人の家計から事業資金に入金したもの

あるからです。

　勘定科目の中には、「元入金」というものがあります。これは、開業資金を記帳する科目で、法人でいう資本金にあたります。
「事業主貸」は事業資金から個人の家計へ支出したもの、「事業主借」は、個人の家計から事業資金に入金したものを記録する勘定です。期末に借・貸を相殺して、その差額を翌年の元入金に繰り入れるという処理をします。算式で表すと、「翌年期首元入金＝前年末元入金＋所得金額（青色控除前）＋事業主借－事業主貸」となります。

7 事業所得者の収入確認② 納税証明書

納税時期や滞納している税金がないかを確認

　確定申告書で公的に事業成績が証明されたからといって、安心してはいけません。申告書に基づいて税金をきちんと納めているかどうかを、納税証明書で確認することが必要です。これも、確定申告書と同様、3期分提出してもらいます。
　所得税の納税証明書には、次の4種類があります。
その1　所得税の納付金額、未納金額の証明
その2　申告所得額の証明
その3　未納の税額がないことの証明
その4　証明を受けようとする期間に滞納処分を受けたことのないことの証明
　通常は「その1」「その2」を提出してもらいますが、「その3」「その4」も場合によっては必要になります。
　納税証明書では、収入を申告すべき時期に申告して、かつ、それに伴う税金を納めているかどうかを確認します。もし税金を滞納していれば、納税証明書に記載されます。
　また、申告の日付や納税時期が、本来それらを行う時期から相当乖離していることが判明する場合もあります。よくあるのは、借入をするために、今までまったく申告していなかったのに、慌てて3期分を申告したというケースです。申告すべき所得を申告していなかったり、税金を延滞したりするような人は、はっきり言ってローンの対象者とはなりません。
　しかし中には、税務署との見解の相違で修正申告せざるを得なくなり、

サンプル20 納税証明書

その1は納付税額の証明

滞納している税金がないことを確認

その2は所得金額の証明

3期分納付済であることを確認

結果的に延滞税を払うことになるようなケースもあります。延滞の表示がある場合は、その理由を確かめましょう。

　未納の税金があった場合、納税期限後に実行したローンの抵当権よりも租税債権が優先するため、債権の回収が困難になります。こうした事態を避ける意味でも、未納の税金がないことを確認するのが大切なのです。

8 独立開業する人の住宅ローン

現勤務先の実績で判断するのは危険

　中には、それまで給与所得者だった人が、独立開業にあたり、住宅ローンを組むというケースもあります。ここでは、2つの事例を挙げ、独立開業する人のローンの審査について解説します。

事例① 美容師からの申込

　申込人は都心で有名な美容院に勤務していて大変人気のある、いわゆる"カリスマ美容師"。新興住宅地の中に若干広めの土地を購入し、店舗付住宅を建てたいという話でした。実家がその新興住宅地に接していて、土地代金の一部は父親が出してくれるそうです。

　営業店としては、父親が資金を負担しており、担保的にも余裕が見られると判断していました。返済計画については、現在の勤務先での給与収入実績を根拠としているようです。新店舗での営業に向けて、現勤務先で働きながら準備をするということでした。

　しかし、建築図面を見ると、店舗の具体的な配置関係も記入してあり、完成後すぐに営業するつもりなのは明らかです。問題は、現勤務先での実績をもって営業計画を立てているということでした。

　開業するからには、新店舗の収益で借入を返済していくことになります。その見通しについて何も検討せず、ただ、現在カリスマとして評価されている収入で返済を考えているとは、大変な勘違いです。

　現在勤めている美容院は都心という恵まれた場所にあり、人の往来もたくさんあります。ところが新店舗は郊外の新興住宅街で、美容院としての

マーケットがどれほどのものか、まったく検討されている気配がありませんでした。これでは、返済の安定性をどう判断すればよいか分かりません。

担保余力は十分にあるという判断についても、店舗付住宅というのは特殊な建物であり、一般の人が買うものではないということを見過ごしています。買うとしても大幅な改修が必要になりますし、店舗付住宅を求める人が見つかるまでは、相当の時間を要するでしょう。したがって、担保として算出された価格よりも、かなり評価が下がります。

最終的には、店舗部分については、新規事業としてマーケットの調査を十分に尽くし、事業性融資として営業店で審査を行うことになりました。このケースでは、店舗設備に関しては事業融資案件、住宅部分は住宅ローンとして、2本立てとなったのです。

開業医は本人の風評や地区の競合状況などを確認

事例② 開業医からの申込

同様のケースで、勤務医が独立して同じ市内で個人開業するとして、半分が住宅部分、半分が診療所という形で住宅ローンの申込がありました。医師の場合、現在の病院の実績で患者さんをある程度抱えていると、比較的近い場所での開業なら、患者はわりとついていく傾向があります。しかし、やはり市場調査は必要です。

また、医院を担保として考えたとき、流通性の面ではかなり劣ります。担保評価は積算で出すことができますが、それは机上の評価にすぎません。

独立開業医の案件は、あくまで医師本人の評価になると考えます。これは本人の風評などを、周辺から探っていくことになります。また、対象物件の地区の人口動態、病院の競合状況等を調べ、その医師の専門分野がどの程度食い込めるかということもポイントになります。

住宅ローンとして扱うのであれば、金額的には住宅にあたる部分しか貸し出せません。それ以外の金額は、自己資金や事業性融資等による調達になります。事業性融資を利用する場合は、その審査結果により、住宅ローンの可否を決定することになります。

9 企業オーナーの住宅ローン

企業オーナーの給与は会社の業績に左右される

　企業オーナーとは、会社経営をしていて、所得が給与所得になっている人のことです。ここでは、大企業の社長を指しているわけではありません。株式の大半を所有している、いわゆる「オーナー経営者」を指します。

　企業オーナーの収入はもちろん給与になるわけですが、その給与の源泉は、自らが経営する会社の利益から支払われます。つまり、企業が安定した収益を確保していなければ、自分の給与は得られないわけです。

　企業オーナーの場合、給与を確認する源泉徴収票等の書類の他に、経営する企業の業績を把握するため、個人事業主の場合と同様に、確定申告書と納税証明書各3期分の提出を受けて検討することになります。

　一般の従業員にはそこまでの書類を要求しませんので、経営者だけに要求するのは公平を欠くと思う人もいるかもしれません。しかし、こう考えてみてください。一般従業員は業績の変化によって給与が大幅に上下することはありませんし、会社が倒産したとしても、雇用保険である程度守られており、転職することもできます。これに対し、経営者の給与は会社の業績にかなり左右され、場合によっては給与が相当減額となる可能性もあります。また、会社が潰れたときも雇用保険はありませんし、事業性融資の保証人となっていることも多いでしょう。したがって、経営する会社の内容を把握することが大変重要になります。

　確定申告書では、当然、損益計算書が黒字であること、3期分の決算が安定した業績推移を示していることを確認します。

　貸借対照表では、損益計算の売上仕入れの状況から、資産勘定では売掛

金や受取手形、在庫の残高、負債勘定では買掛金、支払手形の残高がそれぞれ何ヵ月分あるかを計算し、月商に比して異常な推移を見せていないかをチェックします。運転資金をどう調達しているかを見るためです。

売掛金が異常に増加している場合、回収が困難となっている販売先が発生していて回収条件が悪くなっていることもあるため、注意が必要です。それに伴い借入が増加していると、金利負担や返済負担が増加しますから、業績の先行きについてはよく聴き取って、販売先の動向にも留意します。

資産勘定で気をつけるのは、貸付金、仮払金や未収金などです。これらの金額が大きいときは、内容を十分に調べる必要があります。はっきりしない資金使途で、過剰な投資や回収不能なものがここに入っていることがあります。

投資勘定でも、長期貸付金、関係会社貸付金など、相手先の内容によっては固定化しているものもありますから、要注意です。

こうしたところから資金繰りが破たんすると、一見自己資本が充実しているように見えた会社も、一気に債務超過に転じることがあります。したがって、子会社や関係会社などに資金が出ているときは、それらの内容を把握する必要があります。

普通に考えて、会社の業績が悪いのに、無理して自分の住宅を買おうなどと思う経営者はいないはずです。決算の内容が悪い会社の経営者が住宅ローンを申し込むときは、何か別の意図があるかもしれません。こういうときこそ、「5W1H」でストーリーを判断しましょう。

以下に、企業オーナーの住宅ローンとして3つの事例を紹介します。

企業収益はあくまで「フロー」で判断する

事例① 前期に黒字転換した企業のオーナーの申込

企業オーナーが申込人で、新築戸建てを購入するという話がありました。購入価格が物件のわりに高く、しかも自己資金が少なかったので、やや疑いの目で見てしまう案件でした。

会社の規模はまずまずでした。営業店の意見では、過去の業績は赤字だ

ったが、前期に増収増益で黒字転換し、現在の売上は上昇傾向で、今後の成長も見込めるということです。

　決算の内容を見ると、確かに最終利益が出ていて黒字転換していましたが、黒字になった要因をよく調べると、特別利益で数千万円の債務免除を行っていることが分かりました。これでは、いわゆるフローの段階での利益が出ていません。実体は、増益基調とはとても言えない企業でした。

　資産の内容についてもよく点検したような形跡はなかったので、営業店には厳しく指導して、取り下げてもらいました。企業収益は、あくまでフローで判断すべきものです。このケースのような特殊要因での収益は、排除して考えることが必要です。

事例② 上場予定の新興ＩＴ企業オーナーの申込

　ある新興ＩＴ企業のオーナーの案件でした。営業店の話では、間もなく新興市場へ上場予定であり、上場後、株式は大変な評価を得られる見込みだということです。

　ＩＴ企業等が集積する地域に会社を移転するため、企業オーナーである申込人は、その近くの高層マンションを購入したいということでした。金額的にも億単位の申込でしたし、企業オーナーでもあるので、自己資金は20％以上は用意してもらいたいと営業店に伝えましたが、自己資金は何とか10％で取り上げたいと言います。

　現在の本人の自宅は都内の一戸建てで、かなり昔から住んでいるようでした。抵当権の設定はなく、生活はわりと手堅くやっているように見受けられましたが、ローンの申込金額は高額で、上場後の評価がどうなるかは見込みでしかありません。最終的には返済期間を相当圧縮してもらうことにし、先方にも了承してもらいました。

　いまが順調だとは言っても、ＩＴ業界は浮き沈みの激しい業界ですし、上場とはいえ新興市場です。返済期間を短くすることにより、債務を早めに圧縮して、物件評価に余裕を生じさせたいと考えた結果でした。上場すれば、かなりの資金が本人に入るはずです。それを返済に充てる可能性もありました。その後聞いた話では、上場後に一括返済されたようです。

企業オーナーの親族からの申込にも注意

事例③　実父が企業オーナーである息子からの申込

　これは企業オーナーからの申込ではありませんが、東京都内の上場企業に勤めるサラリーマンが申込人だったケースです。

　これだけなら通常の住宅ローンの申込として問題ありませんが、実は本人の実父が経営する地方の中堅企業に転職予定で、その近くに自宅を取得するためにローンを借りたいということでした。ということは、今までの収入実績を返済原資と考えることはできません。住宅ローンの返済が始まるのは転職後です。通常なら、転職後の実績を見て判断すると言って取り下げることになりますが、このケースでは、実父の企業の取引銀行が当行だったため、検討することになりました。当行はメイン行であり、その中堅企業は有力な取引先だったからです。

　こうした経緯もあり、①本人の転職後の年収を書面で証明してもらうこと、②企業オーナーである実父が連帯保証人となること、③実行は転職の確認後とすること、という3点を踏まえて実行することになりました。もちろん、保証人の資産状況についても調査をし、企業内容についても、先方の同意を得たうえで、営業店から書類をもらって確認しました。

　このように、企業オーナーの親族からのローン申込に関しても、企業内容について情報を提示してもらったほうがよいケースがあります。場合によっては、オーナーに連帯保証人となってもらうことも必要です。

10 担保評価の基準① 土地の評価

公示価格や路線価から対象地域の基準価格を求める

　第2章で、案件受付時に行う担保物件資料の見方について解説しましたが、ここでは、実際にどのように物件を評価するかということを説明していきます。

　金融機関の窓口に提示される不動産の価格はいわゆる「購入価格」です。これは、申込人が業者を通じて売主と交渉の結果、合意した金額になります。この価格は、まず売主の提示により業者が不動産流通市場に流し、当該物件に興味を持った買主がその価格で合意したか、あるいは値下げ交渉などを経て決定したものと想定されます。

　これがいわゆる「時価」になると考えられますが、この物件を取り巻く不動産市況がどうなのかということは、周辺の売買事例を調べたり、不動産業者への聴き取りなどを通じて情報収集します。

　一方で、担保評価にあたっては、国土交通省が毎年調査・発表する「公示価格」、および国税庁が発表する「路線価」により、対象地の地域の基準となる価格を求めます。

地積、間口、接面道路などにより価格補正を行う

①土地の比準価格を求める

　売買対象物件が面している道路の路線価と公示価格が示されている土地の路線価から、対象地の比準価格を求めます。

　選択する公示価格は、対象物件と同じ地域にあるものか、近隣で用途地

域が類似するものを選びます。比準価格は、以下の算式で求められます。
対象地の比準価格＝公示地の単価×（対象地の路線価÷公示地の路線価）

これは、公示価格と路線価が、同じ比率であると仮定して計算しているわけです。路線価は、公示価格等を基準に、だいたい80％くらいの価格となっています。

②価格補正をする

次に、対象地の画地条件（地積、方位、間口、奥行き、形状、接面道路との関係等）により価格を補正します。

土地価格比準表（地価調査研究会編　監修国土交通省・水資源局地価調査課）による価格補正を、基準地（公示地、土地調査価格地）を普通のものとした場合で以下に例示します。

	普通	やや劣る	劣る	相当に劣る	極端に劣る
間口狭小	1.00	0.95	0.90	0.85	0.80
奥行長大	1.00	0.98	0.96	0.93	0.90
不整形地	1.00	0.95	0.90	0.85	0.70
三角地	1.00	0.95	0.90	0.85	0.75

方位 (基準地北)	北	西	東	南
	1.00	1.02	1.03	1.05

よく出てくる袋地（路地状敷地、旗竿地とも言う）の評価については、次のようになっています。

ア　有効宅地部分の減価率 （路地状部分の奥行）	最高減価率
10m未満	10%
10m以上20m未満	15%
20m以上	20%
イ　路地状部分の減価率	30〜50%

そのほか、地形的な要因としては、崖地など高低差がある土地も減価します。

また、比較的見かけるのが、高圧線下にあって、建物の建築に制限が課される土地です。こうした要因も減価の対象になります。

高圧線の電圧の種類には、以下の3種類があります。

⑦低圧　直流750V・交流600V以下
⑦高圧　直流750V・交流600V超〜7000V以下
⑦特別高圧　7000V超

このうち、高圧線下地として不動産価格に影響するのは⑦の特別高圧線の下です。17万V超の場合は、線下には建造物は建てられません。17万V未満の場合は、電線から3mまたは3m+α離れることにより、高圧線下にも建造物が建てられます。

東京都の固定資産税評価において、高圧線下地の割合による補正率は、次のようになっています。

高圧線下地の割合	補正率
20％未満	0.90
20％以上50％未満	0.75
50％以上80％未満	0.60
80％以上	0.50

さらに、地積については、標準的な面積なら価格補正はありませんが、あまりに面積が大きい場合は「面大減価」をします。形状が不整形な場合や、奥行きが長くて細長い土地も減価要因になります。これは、建物の建築設計のしやすさが問題となるためです。建てるのにコストが高いような土地は、価格を抑えなければなりません。

接面する道路の方位については南が一番よく、次に東、西、北の順になります。間口が狭いと減価要因になり、接面幅が2m未満だと、そもそも担保として適正かということが問題になります。

また、接面街路が私道か公道か、行き止まり道路か通り抜け可能な道路かによっても価格補正します。通行条件の良否が、価格に影響するのです。

43条但し書きによる敷地は担保不適格とする場合も

建築基準法42条の道路に接していない敷地には建物が建てられませんが、43条但し書きにより、建築確認を受けられる場合があります。

これについては、建築審査会の審議を経て認められることが条件ですが、もともと道路に接することができない物件ですから、マーケットではかなり低い評価を受けます。したがって、道路と見なされた土地が通じている道路の路線価から単純に比準価格を求めても、適用することはできません。

通常は、流通性の観点から見て、43条但し書きによる許可を受けた物件は、担保として不適格としている金融機関が多いと思います（住宅金融支援機構の場合は建築確認があれば可）。ただし、すべてを不適格としているわけではなく、「建築審査会の一括審査基準※を満たしているもので、かつ本人の単独で申請可能なものに限る」という条件で承諾している金融機関もあります。

延滞して処分することになったときのことを考えると、売却価格が期待できませんから、住宅ローンを取り上げるにしても、返済に問題が生じないことが期待できる属性の人物にした方がベターと考えます。インターネットで調べれば43条但し書きの物件も出ていますから、同じ地域のそうした物件の価格を参考にしながら評価することになるでしょう。

※参考　東京都の建築審査会の一括審査による許可同意基準（一部抜粋）
　法第43条第1項ただし書許可について、東京都は事務の迅速化を図るために、一括審査による許可同意基準を定めています。この基準に適合するものは、建築審査会への提出図書が個別審査に比べ軽減され、申請者の負担が軽くなります（一括審査による許可同意基準に適合しないものは、許可の可否について個別に審査されます）。

基準１
　敷地と道路の間に、次の各号の一に該当するものが存在する場合で、避難及び通行上支障がない道路に、有効に接続する幅員２ｍ以上の通路が確保されている敷地
一　管理者の占用許可、承諾又は同意が得られた水路
二　地方公共団体が管理する認定外道路等
三　都市計画事業等により、道路に供するため事業者が取得した土地

基準２
　道路に有効に接続する、次の各号の一に該当する幅員４ｍ以上の公有地等に、２ｍ以上接する敷地
一　地方公共団体から管理証明が得られた道
二　土地改良法第２条第２項第一号に規定する農業用道路
三　地方公共団体へ移管する予定であることを証明する書面が得られた道

基準３－１
　道路に有効に接続する幅員2.7ｍ以上４ｍ未満の道が確保され、その道に２ｍ以上接する敷地で、次の各号に該当するもの。
一　道の中心線から水平距離２ｍの線又は道の反対側境界線から水平距離４ｍの線を道の境界線とし、将来現況の道の部分について不動産登記簿上分筆し、地目を公衆用道路として登記することについて、道の部分の所有権、地上権又は借地権を有する者全員の承諾が得られたもの。
二　申請者の権原の及ぶ道及び道となる部分について、不動産登記簿上分筆し、地目を公衆用道路として登記されたもの。
三　建築物は地上が２階以下で、かつ、地階は１階以下とする専用住宅又は二戸長屋を計画するもの。

基準３－２
　道路に有効に接続する幅員2.7ｍ以上４ｍ未満の道が確保され、その道に２ｍ以上接する敷地で、次の各号に該当するもの。
一　道の中心線から水平距離２ｍの線又は道の反対側境界線から水平距離４ｍの線を道の境界線とし、将来現況の道の部分について不動産登記簿上分筆し、地目を公衆用道路として登記することについて、道の部分の所有権、地上権又は借地権を有する者全員の承諾が得られたもの。
二　申請者の権原の及ぶ道及び道となる部分について、不動産登記簿上分筆し、地目を公衆用道路として登記されたもの。
三　建築物は地上が２階以下で、かつ、地階は１階以下とする専用住宅又

は二戸長屋を計画するもの。

公示価格と実勢価格が大きく乖離する場合もある

③実勢価格を調査する

　こうして補正した価格と、借入申込金額を比較します。乖離が上下10％程度ならば許容範囲内でしょうが、これが20〜30％違うとなると、担保としてやや心配になってきます。

　ただし、公示価格等の対象地は、150〜200㎡程度の面積が中心です。また、公示価格等は実際の取引における事情や動機を考慮せず、バランスを取った価格になっています。そのため東京など60㎡程度の面積で取引するような地域では、売買金額と乖離しがちです。高くなる場合もあるし、低くなる場合もあります。したがって、実勢価格をよく調査する必要があります。

　情報誌やインターネットはもちろん、地元の事情に精通した不動産業者に聴き取りをすることも必要になるかもしれません。取引事例などをもとに、近隣の物件と対象物件を比較検討して、売買価格の検証を行うようにしましょう。

担保評価の基準②　新築建売住宅の評価

開発許可を受けていない分譲地は評価が低い

新築の建売住宅（分譲住宅）は、購入価額を担保評価額としている金融機関が多いようですが、許可や権利等の関係で、注意しなければならないものもあります。代表的なものを紹介します。

①開発許可を受けた分譲地

建売住宅とひと口に言っても、1戸から大規模団地のようなものまであります。大規模な戸建ての住宅団地は少なくなりましたが、千葉・埼玉などでは今でも見られます。東京では多摩地区などで、旧住宅公団が所有していた土地を民間が買い取り、開発しているものがあります。

大規模な分譲住宅地は、資金的にも大手企業でないと開発が困難ですから、完成リスクや法令違反のようなものはありませんが、開発に伴う道路負担、公共設備負担などで、価格は高くなりがちです。しかし、住環境としては相当良好な場合が多く、人気もあります。

住宅ローンについても、各金融機関が意欲的に提携ローンを組んでいますし、売買価格をそのまま担保評価としているようです。提携金融機関以外も追随して、その評価を採用しているようです。

②開発許可を受けていない分譲地

一般的に中小業者が扱う建売住宅は開発許可が不要な小規模な分譲が多く、道路幅員も4ｍ程度と狭いものが普通です。しかも、購入者に私道負担（敷地の一部を道路として提供する）があり、道路から4ｍ幅くらいで奥に入り、行き止まりになっているような位置指定道路に面する敷地が多いようです。

したがって、大手の分譲地と比較すると、周辺環境や街路条件がやや劣ります。さらに、新築時の価格は建物に原価や利益がフルに上乗せされていますから、中古になると極端に価格が下がりがちです。

　評価にあたっては、土地は道路幅員や行き止まり道路、接道の状況について厳しく評価することになります。また、建物も標準的な指標に基づいて評価することが肝要です。実際の価格と売価の乖離状況を頭に入れておくということです。

　売れ残りになると値下げもありますから、販売開始から相当の期間が過ぎたものは、現地を観察するなど、売却価格が変遷していないかを確認することが必要です。とはいえ、あまりに鑑定評価的に算出した価格にこだわると、取り上げられない案件が多くなってしまいますから、申込人の動機などが問題なければ、近隣の流通価格を勘案して、ある程度の乖離は許容することも必要でしょう。

　建築請負業者のレベルもよく調べて、後日建物に問題が生じるリスクがないかについても注意します。

借地権付建物は地主の承諾書を取り受ける

③借地権付建物

　借地権付建物の場合、借地権の評価をしなくてはなりません。

　土地の路線価図には、路線価の横にA～Gまでの記号が添えられており、「350C」などと表示されています。路線価図の上の余白欄に記号の説明があり、借地権割合が書いてあるので、これを確認します。

　次ページの**サンプル21**の路線価図を見てください。例えば、「400C」となっているところでは、借地権割合は70％ですので、借地権価格は「400×70％＝280千円」となります。これに敷地面積を掛け、更新料等を差し引くなどして、担保評価額を算出することになります。

　借地権は物権ではなく債権です。土地所有者との契約によって成立し、借地権者の名義で借地上の建物を登記することによって、第三者対抗要件を満たします（第三者に対して権利を主張できる）。

サンプル21　路線価図

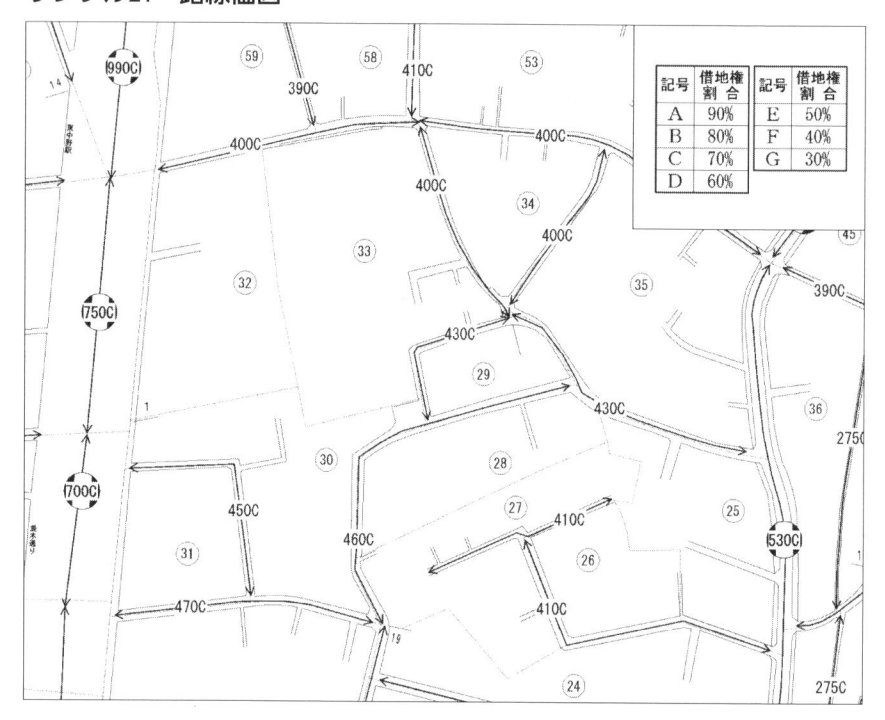

　したがって、土地の賃貸借契約書の所有者と、登記上の所有者の一致を確認します。借地人とローン申込人が一致していることも確認します。公図および地積測量図で借地の位置と面積を確認し、契約書と突合します。契約書には、借地として利用できる建物の種類や地代、借地期間などが書かれていますので、これらについても確認します。

　そのほか、借地の敷地は１筆であること、複数の場合はそのすべてに建物が建っていることが必須となります。建物が建っていない土地は、第三者に譲渡されると借地権を否認されるおそれがあるからです。当然のことながら、敷地は法定の道路に接道していることが条件になります。

　建物が建築される前に設定された抵当権が、すべて抹消されていることも条件となります。抵当権が抹消されていないと、土地が競売にかけられるときに、土地建物一括競売に付される可能性があります。

金融機関としては、抵当権の実行に備え、借地権付建物を担保とするときには、通常、地主の承諾書を取り受けます。この承諾書には、「借入人が地代を延滞するなど、借地契約に変更をきたすような事態が生じた場合は、地主が金融機関に通知する」、「これに伴い建物が他の取得者に譲渡されたときには、その借地権を認める」といった文言が入っています。

　賃貸人の承諾がなければ、賃借権の譲渡はできない（賃貸人に対抗できない）ため、承諾書がないと、借入人が地代を延滞して借地権を失うようなことがあった場合、抵当権が借地に及ばないという事態も予想されます。裁判により借地権を認めてもらうという手段もありますが、申立期間は限定されます。なるべくこうした手続きをしないで済むように、承諾書をあらかじめ取得しておくのです。したがって、この承諾書がない借地権付建物は、担保評価をゼロとする金融機関もあります。

　ただし、地主が財務省等の国家機関である場合は、承諾書を省略できる場合もあるようです。そのほか、寺社等も第三者へ譲渡することはあまり考えられないため、認められるケースがあります。

　なお、借地権付建物を担保とする際に忘れてはならないのは、建物に火災保険を付保し、保険金請求権に質権を設定するということです。ローン返済期間中に火災で建物が滅失してしまうと、担保物件がなくなってしまいます。建替えの間、この質権により債権を保全するしかありません。

近隣住民とのトラブルがないかどうかも確認

　それでは、ここで新築建売住宅に関する事例を2つ紹介します。こうした案件には注意してほしいという事例です。

事例① 近隣住民とのトラブルが想定される分譲住宅
　ある新築住宅の案件でした。仲介業者は地元大手の支店で、街道沿いにある細長い土地に数戸計画しています。接道等に問題はなく、借入予定者は上場企業関連会社に勤務する人で、一見懸念なく進められそうな案件でした。

ただ、この土地は計画道路にかかることが分かっていたものの、事業決定がなされておらず、予定も立っていない状況でした。問題なく建築の許可は下りていたのですが、念のため現地確認を行いました。

　書類上では気がつきませんでしたが、現地を見てみると、この細い土地はマンションの前にある土地でした。その土地を挟んで道路側にマンションのベランダが並んでおり、建物を建てるとマンションの１階・２階の窓をふさぐ形になります。これではちょっとまずいと思い、市役所の建築指導課を訪ねました。建築確認申請はしてあるようですが、職員に聞くと、色々と問題があるような様子でした。

　よく調べると、この土地はもともとマンションの敷地だったのですが、道路計画があったために、分譲対象に入らなかったということが分かりました。その後地主が資金に困り、売却していたのです。マンション住民とも揉める可能性が高く、取り上げるのは断念しました。

　その後建築分譲されましたが、やはりマンション住民とトラブルになったようです。法的には建築確認が通ればよいと考えがちですが、金融機関の立場から考えると、近隣とトラブルになるような土地を分譲しようとする業者には疑問を持たねばなりません。

　お断りしたお客様は、納得して近くの別の新築住宅を購入することになり、こちらは問題なく実行することができました。

建ぺい率・容積率の計算だけで判断しない

事例② 建築申請内容と実際の敷地が異なる新築住宅

　これは新築住宅の仲介業者による持ち込み案件でした。神奈川方面で地価が高いこともあり、敷地は小さいものでした。物件の書類は建築確認済証などすべて揃っており、購入者の属性にも問題はありません。しかし、建築確認申請の内容を検証していると、敷地面積のところに、分譲物件の敷地の2倍もある数字が記入されていました。

　営業店に問い合わせてみると、業者の説明では、当初はその敷地全部を購入して建てる予定であったものが、資金的に厳しくなり、敷地を半分にしたというのです。それでも、建ぺい率や容積率については基準をクリアしているので心配はない、ということでした。

　これは少し変だと考えて役所へ問い合わせてみると、市の条例で敷地の最小面積が制限されていることがわかりました。条例違反とならないように、2倍の大きさで申請を行っていたのです。

　実際は、条例の面積を満たしておらず、完全に違反建築でした。したがって、この案件についてはお断りし、持ち込みをした業者との取引についても今後注意をするよう営業店に伝えました。

　東京や神奈川などは土地の価格が高いため、どうしても狭小物件が多くなります。一方で、乱開発を防止したい地域については、制限を設ける傾向が見られるようになりました。

　単に建ぺい率や容積率だけの計算で考えていると、こうした違反建築を見逃すことになります。少しでも「おかしい」と感じた部分は、よく注意して調べてみることが大切です。

担保評価の基準③ 中古住宅の評価

土地は公示価格等を基準とし建物は経年減価で計算

　中古住宅の場合、土地は前述の土地の評価方法（公示価格等を基準とした比準価格）と同じですが、建物は、新築後の耐用年数に対する経過年数の割合により、減価した評価を採用します。

　新築の戸建てと異なり、中古の戸建ては建物価格をかなり低く評価する傾向があります。老朽化した建物の場合は取り壊して再建築することもあり、取り壊し費用を控除した価格で評価する場合もあります。

　売価と机上評価の乖離が大きいときは、類似物件の流通価格と比較します。単なる仲介による売買のときは、売り手の希望価格に対し、業者が相場を勘案しながら市場に出していますから、それほど乖離はないと思います。しかし、業者が買い取ってリフォームなどした物件は、リフォーム費用や諸経費も上乗せされており、金融機関が担保評価として算出した額とはやや乖離が生じることが多いようです。

　こうした乖離については、どの程度許容するかが問題になります。地域によっては、中古でも人気があり、需要が多いところもあります。近隣の中古住宅がどの程度の価格で取引されているか、情報誌やインターネットで調べたり、地域に精通している業者から聴き取ったりして、慎重に売価が適正かどうかを調べます。

　ただし、これもあまりに鑑定評価の手法にこだわると、ビジネスチャンスを逃してしまいます。一方で、法外な価格の中古物件に対して融資してしまう例もありますので、業者の調査や購入者の動機なども慎重に考慮し、取り上げるかどうかを決定することが大切です。

建物は、書類だけでは分からないことがたくさんあります。外壁や屋根、土台の状況などは、現地を確認しなければなりません。実際に見に行くと建物が傾斜していたり、外壁に亀裂があったりと、図面や登記の表示だけでは分からないことが多いのです。

傾斜しているような建物は論外ですが、外壁に亀裂があったりするのは、建物の強度の問題だけでなく、地盤が軟弱な場合もあります。

そのほか、登記されていない建物があったり、増築された部分が未登記のままだったりすることもよくあります。未登記の場合は担保設定ができないため、こうした場合は未登記部分を登記してもらうことが、住宅ローンの実行のための条件となります。また、登記により建ぺい率や容積率の違反になる場合は、担保にすること自体が問題となります。

借地権付建物の場合は経過年数に注意

次のような場合には、通常の評価と異なるポイントがありますので、注意が必要です。
①借地権付建物

土地が借地の場合、借地権の評価をすることになります。借地権は新築住宅の場合と同様に評価しますが、建物の経過年数に留意する必要があります。建物があまりに古いと、返済期間が建物の耐用年数を超過してしまいます。前述のとおり、借地権は、借地権者の名義で建物を登記することによって、第三者対抗要件を満たします。つまり、建物が滅失すると抵当権も消滅してしまい、担保物件がなくなります。建替えであっても、再度抵当権を設定するまでの期間、無担保となるリスクが生じます。

基本的に耐用年数を超過するような案件は避けたいところですが、物件の手入れが十分になされており、ローン返済期間にわたり十分に有効利用が可能とみなされる場合は認めてもよいでしょう。よく現地を観察し、慎重に判断することが必要です。
②底地購入

借地権がついた土地の所有権のことを「底地」といいます。借地権付建

物の土地所有者（地主）がその土地を売却することになった場合、借地権者が底地を買い取ることがあります。

この場合、普通の更地と異なり、売買金額は通常の半分以下程度の安い金額になります。通常は購入価格が担保評価の基準となりますが、底地の場合は特殊な取引になりますから、購入価格では評価しません。路線価、公示価格等を基準とした正常価格で評価することになります。

また、底地を購入するのが借地権者ではなく、その子供となるケースもあります。借地権者が高齢でローンが組めない場合などにこうした申込がありますが、底地購入者が子となった場合、父親が子に対して地代を支払わないと、子に対して借地権を譲渡したものとみなされ、課税されるおそれがあります。こうした点を購入者に確認して取り扱うことが望ましいでしょう。

市街化調整区域は再建築に厳しい制約があることが多い

③市街化調整区域の中古住宅

市街化調整区域の場合、土地の路線価図がないところもあります。路線価がない地域は、「倍率評価地域」と言って、評価倍率表を参照して評価を行います。評価倍率表を用いる場合、固定資産税の評価額に倍率を掛けることになります。そのため、物件の固定資産税評価額が分からないと、評価額を算出することができません。市区町村で発行する固定資産税評価証明書をもらう必要があります。

ただし、こうした評価を行っても、それが一般的な売買価格とは言えません。やはり、近隣の標準地価等を調べて参考にしたり、地元の不動産業者に聴き込みを行うことが、適正な評価につながります。

市街化調整区域の中古住宅に関して注意すべきは、市街化を促進する市街化区域とは違い、市街化を抑制する区域だということです。一般の建物や構築物を設置するのには、極めて厳しい制限が課されています。

開発許可については、都市計画法34条にその条件が定められていますが、一例を挙げると「その地域で農業や林業などに従事している住民が居住す

るために建築する住宅」「農家住宅やその家族が居住する分家住宅」「その地域に必要な物品、サービスを提供するための店舗等やそれに従事する人が居住するための住宅」などがあります。

　一般の人でも市街化調整区域内の物件を購入することはできますが、その建物は必ず開発許可を受けているはずです。許可内容によっては、再建築をする場合に、許可が得られないかもしれません。

　買った人が農家でないときは、当然、農家住宅を建てることはできません。また、よく郊外の幹線道路沿いに見られるような店舗付住宅などを中古で買っても、買った人が単なるサラリーマンの場合（その区域で必要な物品やサービスを提供する商売を営まない場合）は、住居として建て直すことは難しいでしょう。このように、市街化調整区域内の物件は、再建築に制約がある物件が多いのです。

　したがって、購入する物件については、必ず開発許可の内容を確認しなければなりません。市街化調整区域であっても、開発許可を受けて造成された分譲地や、市街化区域に隣接していて、都市計画法第34条11項の許可を受けた物件（50戸以上の建物が連たんしている地域）であれば、再建築については問題なく、流通性も確保されています。

　しかし、開発許可の内容が農家住宅であるようなケースは、担保として好ましいとは言えないでしょう。申込人の属性によっては考慮する余地があるかもしれませんが、再建築の難しさや流通性の低さについて、十分注意する必要があります。

13 担保評価の基準④ マンションの評価

マンションは流通価格で評価する

　マンションの評価は、戸建ての評価のように決まるものではありません。マンションは、1棟の建物を多数の人で所有します。土地は「敷地権」という建物と合体したものになり、1棟全体の面積に対する、各戸の所有者が専有する部屋の面積の割合で「所有持分」として表示されます。

　マンションは「建物の区分所有等に関する法律」により規制されており、土地だけあるいは建物だけを単独で処分することはできません。登記上は、1棟の建物の表示の次に、「専有部分の建物の表示」があります。専有部分以外は共有部分で、廊下や玄関、ロビーなどは共用とされます。

　マンションの評価は流通価格です。専有面積に1㎡当たりの単価を乗じて算出します。当該地区で売り出されるマンションが1㎡当たり50万円で専有部分が60㎡なら、「50万円×60㎡=3000万円」というように売られているはずです。金融機関に持ち込まれたマンション購入案件の価格を査定するには、住宅情報誌や、インターネットで流通価格を調べることになります。

　通常、マンションの専有面積は壁芯表示（壁の中心を境界とする）となっているため、登記面積（壁の内法）と相違します。登記事項証明書しかない場合は、登記面積に5～6％上乗せした面積に単価を乗じてください。

　郊外へ行くほど価格は安くなりますが、路線により違います。横浜方面は都心から離れるものの、東京都内と変わらない人気です。一方、千葉方面、埼玉方面への路線沿線はかなり価格が下がります。また、駅から近い物件ほど価格は高く、遠くなるに従って安くなります。

また、マンションは、その部屋が何階にあるか、どの方位を向いているか、建物の角なのか中間なのか、といったことで評価が変わります。

上層階や南東の角は価格が高くなる傾向があり、下層階や中間に位置する部屋ほど、価格は低い傾向にあります。これは、景観、日照、騒音の影響を考えてのことです。

管理が適正かという「ソフト面」も重要

マンションは、ハード面だけでなくソフト面、すなわち管理が決め手とも言われます。管理組合が結成されて管理規約が適正に定められ、管理会社の運営状況を理事会がきちんと監視していること、大規模修繕に備えて修繕計画が作成され、修繕維持積立金が適正な金額で積み立てられていることなどを、重要事項説明書で確認します。

管理会社に管理を委託するには、十分な管理費収入の確保が必要です。管理費をむやみに高く設定することはできませんので、1人ひとりの負担を軽くするためには、戸数が多いことが条件となります。規模が大きいほど管理費を確実に確保できるということです。20戸以下の小規模マンションになると、常駐の管理人を置くには、1戸当たりの負担がかなり大きくなります。理想を言えば、100戸以上の規模が望ましいでしょう。

そのほか、投資目的のワンルーム主体のような物件、あるいは賃貸併用のマンションなども、管理面では問題が起きそうです。自らが居住しない投資家と、居住を目的とする人たちでは、管理に対する姿勢が相違すると考えられるからです。

事例　投資目的のマンションの申込み

繁華街にある店舗に、若い人が住宅ローンの相談に来ました。都区内のマンションですが、総戸数30戸程度、1LDKで40㎡、本人の希望は3500万円を全額ローンで申し込みたいとのことでした。

勤務先は、最近よく知られるようになった新進のIT企業で、年収も800万円ほどあります。独身なので1LDKで相応と考えたのか、営業店

ではあまりマンションの内容を調べないで申請してきました。

　マンションの売り出し情報をインターネットで調べると、多くの間取りがワンルームタイプで、投資物件として販売されたマンションでした。

　投資目的ということになると、住宅ローンの担保としては不適格です。営業店に事情を説明し、不承認としました。

　こうしたマンションは、数多く販売されています。特に年収の高い若い人には、様々な営業手法でセールスがあるようです。新築マンションの申込で、きちんとしたパンフレットがないものは、現地やインターネットの情報を調べ、投資用マンションでないことを確認することが必要です。

築年数や耐震構造など安心・安全に住めるかを確認

　コンクリート造のマンションの寿命は、一般的に60年と言われています。現在の法定耐用年数（減価償却のために税法上定められたもの）では、鉄筋コンクリート構造の建物は47年となっていますが、1998年に税法が改正される前の耐用年数は60年でした。金融機関でマンションを担保とするとき、「築後60年」が目安となっているのは、これを踏襲したものと思われます。ローンの期間が築後60年を超えるものについては、取扱いを慎重にしている金融機関が多いようです。

　しかし、すべてのマンションが同じように設計されるわけではありませんし、工法もそれぞれ違います。築年数の古いマンションでも、将来の維持管理が容易にできるような配管設備が整っているものもあり、そうしたマンションは、機能を維持しながら人気を保っています。分譲業者や建築業者のグレードなどに気を配りながら、建物の構造・工法を調べて、個々に検討すべきでしょう。

　さらに、東日本大震災以降は、改めて地盤の問題が注目されています。液状化現象や崖崩れが心配されるような地域は敬遠されがちです。マンションも、どのような敷地に建っているのか、建物は耐震構造や免震構造となっているかどうかを確認することが重要です。机上の評価をすべてとせずに、安全・安心に住めるかどうかを確認することが大切です。

第3章 可否判断のための基本知識

サンプル22　マンションの登記事項証明書

東京都大田区上池台一丁目2-3-307　　　全部事項証明書　　（建物）

専有部分の家屋番号	2-3-2　〜　2-3-5　　2-3-102　〜　2-3-111 2-3-201　〜　2-3-211　2-3-301　〜　2-3-311 2-3-401　〜　2-3-411　2-3-501　〜　2-3-511 2-3-601　〜　2-3-611　2-3-701　〜　2-3-709

→ この建物の戸数が分かる

表　題　部（一棟の建物の表示）	調整	余白	所在図番号	余白
所　在	大田区上池台一丁目2番地3		余白	
建物の名称	パークフォレスト上池台		余白	

①　構　造	②　床　面　積　　㎡	原因及びその日付〔登記の日付〕
鉄筋コンクリート造陸屋根7階建	1階　782　39 2階　778　28 3階　778　28 4階　778　28 5階　778　28 6階　778　28 7階　640　87	〔令和○年11月13日〕

→ 建物の階数をチェックする

表　題　部（敷地権の目的である土地の表示）

①土地の符号	②　所　在　及　び　地　番	③地目	④　地　積　　㎡	登　記　の　日　付
1	大田区上池台一丁目2番3	宅地	2670　96	令和○年11月13日

表　題　部（専有部分の建物表示）		不動産番号	01○…
家屋番号	上池台一丁目　2番3の307	余白	
建物の名称	307	余白	

→ 戸建てと異なり各部屋の表示が記載されている

①種　類	②　構　造	③　床　面　積　　㎡	原因及びその日付〔登記の日付〕
居宅	鉄筋コンクリート造1階建	3階部分　67　09	令和○年10月29日新築 〔令和○年11月13日〕

→ 7階建ての3階に居住することが分かる

表　題　部（敷地権の表示）

①土地の符号	②敷地権の種類	③　敷　地　権　の　割　合	原因及びその日付
1	所有権	519214分の7007	令和○年11月6日 〔令和○年11月13日〕

所　有　者	東京都渋谷区猿楽町1番2号　帝京不動産株式会社

権　利　部（甲区）（所有権に関する事項）

順位番号	登　記　の　目　的	受付年月日・受付番号	権利者その他の事項
1	所有権保存	令和○年12月20日 第65432号	原因　令和○年12月2日売買 共有者 　東京都大田区上池台一丁目2番3-307号 　持分10分の7 　桜井　亘 　東京都大田区上池台一丁目2番3-307号 　10分の3 　桜井　春子

167

14 返済期間中の偶発的事態への対応

債務者死亡時は団体信用生命保険で完済される

　最後に、偶発的事態によって返済が困難になることを防止するための対応について述べておきます。偶発的事態とは、債務者が死亡したときや病気になったとき、失業して返済が困難になったときなどが挙げられます。

①債務者死亡への対応

　住宅ローン実行時に、債務者は団体信用生命保険（団信）に加入しています。債務者死亡の際は、団信により、金融機関が受取人となって債務が完済されることになっています。

　債務者死亡の場合、金融機関を通して保険金請求を行いますので、お客様には死亡診断書などの必要書類を準備してもらうことになります。

　通常は、団信に加入することが住宅ローン利用の条件になっていますが、中には保険の審査に通らず、加入できない人もいます。また、金額的に団信の限度額を超える案件などの場合も、その超える部分については保険の付保ができない場合があります。

　前者の場合、単純にお断りする場合もありますが、病気によっては日常生活に問題はなく、仕事も十分にこなせる場合があります。こうした場合、団信非付保でも取り上げられるようにしている金融機関が大半です。

　対応としては、債務者が死亡しても、その相続人が債務の返済を行えることが前提となります。相続人に連帯保証人となってもらい、ローン契約に参加してもらうこと、別途、団信以外の生命保険を連帯保証人が受け取るようにすることで、債務返済が十分可能であるということが条件となります。

ほとんどの場合、任意の生命保険加入を確認したうえで承認しているようですが、この生命保険契約については、内容をしっかり確認することが重要です。保険金の支払条件によっては、普通の病気による死亡では債務金額に満たないようなものもあります。

また、任意の生命保険に加入していても、きちんと保険料が払えないと保険金が満額出ないこともありますし、途中で解約されてしまうことも想定されます。したがって、団信非付保となる案件は、債務者の属性が良好であるとか、担保余力が十分にあるとか、慎重に判断することが必要になります。債務者の死亡により、家族の生活が崩壊するような事態は避けたいものです。

連帯債務者死亡時に主債務者の負担が増す可能性を考慮

②連帯債務者死亡時の対応

連帯債務となる場合、団信は㋐主債務者しか加入できない、㋑それぞれ加入でき、どちらか1人が死亡すると全額完済される、㋒それぞれ加入できるが、一方が死亡した際はその人の負担債務分のみ完済される、という3パターンに分かれ、金融機関によって扱いが異なります。

連帯債務となるケースで多いのは、単独の収入では債務の返済が難しいため、複数の債務者の収入を合算して、返済負担率の基準を満たすということです。この場合、㋐のパターンで団信に加入していて、主債務者ではないほうが死亡してしまうと、団信による債務返済はできません。残りの債務に関しては、主債務者が単独で返済を続けなくてはならず、主債務者の年収だけでは、返済に耐えられなくなることも考えられます。

こうした事態に備えるには、前述したように任意の生命保険に加入してもらい、保険金の受取人を主債務者とし、その保険金で債務に内入れしてもらう方法があります。もう1つは、当初から債務を分けてそれぞれの債務者が単独で契約し、2本立てのローン契約にすることです。そうすればそれぞれに団信が付保できますので、どちらか一方が死亡しても、その債務を団信で返済することができます。

③連帯保証人死亡時の対応

　債務者の返済能力だけでは借入返済が難しいときに、連帯保証人をつけて収入合算することにより、ローンの借入を承諾することがあります。

　連帯保証人が死亡した場合も、連帯債務者が死亡したときと同様の事態が考えられますが、やや補完的な収入合算も多いため、それぞれを債務者として2本立てでローンを組むといった契約は現実的でないことが多いようです。

　なお、収入合算とは関係なく、担保となる土地に債務者の親の持分が入っている場合などにも、担保提供者として連帯保証人になってもらうケースがあります。こうした連帯保証人が死亡し、その持分が相続された場合には、相続した人に新たに連帯保証人となってもらう必要が生じます。

　連帯債務者や連帯保証人をつけて返済負担率の基準を満たしても、将来にわたってその状況が続くわけではありません。偶発的な出来事により返済負担率が債務者の能力を超えるような事態の発生が起こり得ることも考慮し、債務者のリスク負担をあらかじめ抑えられるような対策ができるとよいでしょう。

条件変更の申込時には個人信用情報を確認する

　ここまで、当初受付時における、債務者死亡等に備えた対応を見てきました。最後に、現状において返済が困難になった債務者への対応を解説します。

　受付当初、どんなに慎重に考えて住宅ローンを実行しても、世の中は変遷していきますし、ローン利用者を取り巻く環境も変化します。バブル崩壊後、日本の経済状況は激変しました。企業の雇用環境は厳しくなり、人員削減や雇用制度の改革等により、給与所得者の収入は厳しい状況にあります。こうしたことを反映して、住宅ローンの返済が困難になる人も出てきます。

　結論から言うと、一時的な収入減や、一時的な支出増加による返済困難者に対しては返済猶予で対応し、その状況が永続する場合は、返済期間延

長で対応することになります。ただし、団信の関係で期間延長ができないとなると、返済条件の緩和は不可能になります。

　お客様が返済困難になる理由は様々です。まず、よく事情を聞くことが重要になります。延滞が始まると、まるで犯罪者のように扱う人がいますが、お客様は今まで返済を通し、金融機関に収益をもたらしてくれた方ですから、丁寧に対応しましょう。

　一時的な収入減の理由として考えられるのは、職を失い現在求職中であるとか、会社の業績不振で賞与がカットされたとかいうことです。また、一時的な支出増の原因としては、子供の進学に伴い、教育費が予定以上に増加したことなどが考えられます。中には、家計支出がきちんと管理されておらず延滞になる人もいますので、その点も確認しましょう。

　条件変更の申込を受けたときは、当然、個人信用情報を確認します。お客様から聞いた内容は、信用情報と整合性が取れるものであることが重要になります。信用情報を見ると、カードローンの残高や分割払いが異常に増加していることがあり、こうしたケースでは、住宅ローンの返済条件を緩和したところで、根本的な解決にはなりません。他の債務を整理したうえで、対応可能かどうかを考えなければなりません。

　なるべく延滞を防ぎ、たとえ延滞になっても初期段階で正常化する道筋を考えることが肝心ですが、事情を聞いたうえで、どんな方法でも対応が困難となると、最終的には担保処分になります。

　競売という手続きになると、正常な市場価格で売れることはありません。こうなると全額回収することは難しくなります。延滞が深刻化する前に、話し合いで任意売却を進めることが望まれます。任意売却ならば、債務も大幅に削減できるか、または完済できることも期待できます。金融機関にとってもお客様にとっても、競売より望ましい方法です。

〈参考１〉住宅ローンの申込に必要な書類

	必要書類	住宅新築	土地購入	戸建購入	マンション	増改築	借換え	発行元
申込関係書類	住宅ローン借入申込書兼保証委託申込書	○	○	○	○	○	○	金融機関
	団体信用生命保険申込書兼告知書	○	○	○	○	○	○	金融機関
	個人情報の取扱いに関する同意書	○	○	○	○	○	○	金融機関
	利率変更等に関する特約書	○	○	○	○	○	○	金融機関
申込本人確認書類	所得証明 源泉徴収票（給与所得者）	○	○	○	○	○	○	勤務先
	所得証明 課税証明書	○	○	○	○	○	○	市区町村
	所得証明 確定申告書（事業主または給与所得以外の所得がある場合）	○	○	○	○	○	○	税務署
	所得証明 納税証明書	○	○	○	○	○	○	税務署
	印鑑登録証明書	○	○	○	○	○	○	市区町村
	住民票	○	○	○	○	○	○	市区町村
	健康保険証	○	○	○	○	○	○	勤務先等
	運転免許証等の本人確認書類	○	○	○	○	○	○	警察署等
担保関係書類	不動産売買契約書		○	○	○		○	不動産会社
	工事請負契約書	○				○		建築会社
	工事見積書	○				○		建築会社
	重要事項説明書	○	○	○	○		○	不動産会社・建築会社
	建築確認済証・建築確認申請書	○		○		○	○	市区町村等
	不動産登記事項証明書	○	○	○	○	○	○	法務局
	公図	○	○	○		○	○	法務局
	地積測量図	○	○	○		○	○	法務局
	建物図面	○		○	○	○	○	法務局
	住宅地図・案内図	○	○	○	○	○	○	法務局
	農地転用許可証	(○)	(○)	(○)			(○)	都道府県

※住宅新築で借地の場合、土地賃借契約書や地主の承諾書等も必要となる
（注）本表は、一般的な必要書類を示したものです。金融機関によって必要書類は異なります。

〈参考2〉可否判断のための基本的な確認項目

確認項目	判断材料
1．資金使途の確認 ★原則、本人が所有・居住することを目的とした下記の資金であること ・新築・増改築資金 ・土地付建物・マンション購入資金 ・土地購入資金 ※店舗併設住宅の場合は、住宅部分の割合によって許容する場合がある	・本人からの聞き取り ・建築確認済証、建築確認申請書 ・売買契約書、工事請負契約書 　　　　　　　　　　　　　など
2．申込人の確認 ★年齢、返済負担率などが基準を満たしていることを確認する ・年齢制限（20歳以上70歳以下で完済時80歳以下など、金融機関による） ・安定的な収入があること ・年収による借入可能額と返済負担率 ・勤続年数 ・団信に加入できること ・個人信用情報に問題がないこと	・運転免許証 ・健康保険証 ・源泉徴収票、課税証明書 　（給与所得者） ・確定申告書、納税証明書 　（事業所得者）
3．担保の確認 ★建築基準法等に違反した物件ではないか、担保として適格かどうかを判断する ・都市計画区域、用途区域 ・接面道路との関係 ・建ぺい率、容積率 ・建築制限 ・敷地の形状と隣地境界 ・周辺環境 ・売買価格の妥当性　など	・重要事項説明書 ・売買契約書、工事請負契約書 ・建築確認済証、建築確認申請書 ・登記事項証明書 ・公図 ・地積測量図 ・建物図面　など

おわりに

　不動産鑑定評価基準では、不動産の価格について次のように述べられています。
「不動産の価格は、一般に、
（1）その不動産に対してわれわれが認める効用
（2）その不動産の相対的希少性
（3）その不動産に対する有効需要
　の3者の相関結合によって生ずる不動産の経済価値を、貨幣額をもって表示したものである。」
　つまり、購入する人にとって、不動産がもたらす効用がなければ、お金を出す意味がありません。そこに住むことで快適な生活を送ることができる、家族との関係が円満になる、資産としての価値を得られる、といったことが、その不動産の持つ「効用」と言えます。
　住宅は収益物件ではありませんから、買う人は直接的に利益を得るわけではありません。したがって、住宅購入の動機となるのは、居住の安全・安心や生活の利便性を求めることだと考えられます。
　住宅ローンの審査においては、ともすれば、担保価値はどれくらいなのか、返済能力は十分か、といった判断のみになりがちですが、本来一番大切なのは、ローンの申込人にとって、購入する住宅から効用が得られるのか、という視点を持つことだと思います。
　そうすれば、本人の家族構成や勤務先、社会的地位などと見合った物件であるか、購入物件の場所や構造に納得性があるかどうかを判断できます。ローンの申込みをする人が購入後、どういう未来を思い描いているのかを考えてみてください。購入後十分にその効用を享受できるのであれば、返済は問題なく進むでしょう。金融機関としても安定的に利益を受けられれば、相互にとってメリットのあるパートナー関係でいることができます。
　住宅ローンの審査は、パートナー選びなのです。

おわりに

　だからこそ、ローンの申込人が購入する物件については、申込人と同じ目線に立ち、調査することが大切です。住宅購入を決めた人の中には、買うということに舞い上がっていて、多少無理のある返済計画を立てていたり、売却時に適正価格で売れるのかといったことまでは考えていなかったりする人も多くいます。そうしたことを十分に検討するのが、金融機関としての役割です。

　ローンの申込人に関する情報を提供してくれるのは、多くの場合不動産業者ですので、業者との関係を良好に保ちさえすればよいと考える人もいるかもしれません。しかし、直接的な取引をするのは、あくまで申込人であるお客様です。これを忘れないようにしてください。

　住宅はお客様にとって人生で一番大きな買い物です。できるだけ将来的なリスクを排除できるよう、丁寧な審査を行いましょう。

　本書の執筆にあたっては、不動産鑑定士の井上勝文さん、一級建築士の横山章人さん、不動産業の須貝誠さんの助言とご協力をいただきました。この場を借りてお礼申し上げます。

2014年7月　上田　不二雄

上田不二雄

1968年、神戸大学法学部卒業。同年、都市銀行に入社。融資渉外を主体に、営業活動、関連業務を経験。不動産販売代理仲介業、住宅金融専門会社、総合研究所コンサル部門などを経て、退職後は銀行関連住宅ローン保証会社にて審査役を務めた。新人審査役および銀行員の研修も担当。著書に『マンガで押さえる住宅ローン審査の勘所』(近代セールス社)。

失敗しない
住宅ローン書類の見方と可否判断

2014年9月19日　初版発行
2022年9月28日　第4刷発行

著　者─────上田不二雄
発行者─────楠　真一郎
発行所─────株式会社近代セールス社
　　　　　　https://www.kindai-sales.co.jp/
　　　　〒165-0026　東京都中野区新井2-10-11
　　　　　　　　　ヤシマ1804ビル4階
　　　　　　電　話：03-6866-7585
　　　　　　ＦＡＸ：03-6866-7595

編　集─────吉川令那
イラスト・装幀─ナカミツデザイン
印刷・製本───株式会社アド・ティーエフ

ⓒ2014 Fujio Ueda　ISBN 978-4-7650-1254-6

本書の一部または全部を無断で複写・複製あるいは転載することは、法律で定められた場合を除き著作権の侵害になります。